Ulrich Heimlich
Kathrin Wilfert
Christina Ostertag
Markus Gebhardt

Qualitätsskala zur inklusiven Schulentwicklung (QU!S®) – eine Arbeitshilfe auf dem Weg zur inklusiven Schule

forschung klinkhardt

Ulrich Heimlich
Kathrin Wilfert
Christina Ostertag
Markus Gebhardt

Qualitätsskala zur inklusiven Schulentwicklung (QU!S®) – eine Arbeitshilfe auf dem Weg zur inklusiven Schule

Verlag Julius Klinkhardt
Bad Heilbrunn • 2018

Die Qualitätsskala zur inklusiven Schulentwicklung (QU!S) ist im Rahmen des „Begleitforschungsprojektes inklusive Schulentwicklung (B!S)" entstanden und mit Mitteln des Bayerischen Staatsministeriums für Bildung und Kultus, Wissenschaft und Kunst gefördert worden.

Heimlich, Ulrich/Kahlert, Joachim/Lelgemann, Reinhard/Fischer, Erhard (Hrsg.)
Inklusives Schulsystem – Analysen, Befunde, Empfehlungen zum bayerischen Weg
2016. 159 Seiten, kartoniert, ISBN 978-3-7815-2077-6
Dieser Titel steht als Klinkhardt Open Access im Fachportal Pädagogik unter www.pedocs.de zum Download zur Verfügung.

Dieser Titel wurde in das Programm des Verlages mittels eines Peer-Review-Verfahrens aufgenommen.
Für weitere Informationen siehe www.klinkhardt.de.

Bibliografische Information der Deutschen Nationalbibliothek
Die Deutsche Nationalbibliothek verzeichnet diese Publikation in der Deutschen Nationalbibliografie; detaillierte bibliografische Daten sind im Internet abrufbar über http://dnb.d-nb.de.

Umschlagillustration: © Christine Meyer, München.
Satz und Gestaltung: Kay Fretwurst, Spreeau.

Druck und Bindung: AZ Druck und Datentechnik, Kempten.
Printed in Germany 2018.
Gedruckt auf chlorfrei gebleichtem alterungsbeständigem Papier.

Dieses Heft ist Teil der Publikation mit der
ISBN 978-3-7815-2212-1

Inhaltsverzeichnis

Vorwort

Die „Qualitätsskala inklusive Schulentwicklung (QU!S)" wird im Rahmen des „Begleitforschungsprojektes inklusive Schulentwicklung (B!S)" (vgl. Heimlich/Kahlert/Lelgemann/Fischer 2016) in Bayern erstmals in Schulen eingesetzt. Das QU!S-Team geht davon aus, dass Inklusion und Qualität eng miteinander zusammen hängen. Wenn es gelingen soll, ein inklusives Bildungssystem auf allen Ebenen aufzubauen, so wie es die UN-Konvention über die Rechte von Menschen mit Behinderungen aus dem Jahre 2009 fordert, dann ist dazu ein qualitativ hochwertiges Bildungsangebot in Schulen und anderen Bildungseinrichtungen erforderlich. Gute Schulen gab es auch schon lange bevor die Qualitätsdebatte in die Bildungspolitik Einzug hielt. Neu ist, dass die pädagogische Qualität von Schulen nunmehr auch auf den Prüfstand gestellt wird, um gezielt daran weiterzuarbeiten. Die Entwicklung inklusiver Schulen ist eine Möglichkeit zur Weiterentwicklung der pädagogischen Qualität in Schulen. Um diesen Prozess der inklusiven Schulentwicklung angemessen begleiten und beraten zu können, ist eine regelmäßige Überprüfung notwendig. Das kann sowohl durch die Schulen selbst als auch durch eine externe Beratung (durch sog. „kritische Freunde") geschehen. In jedem Fall gilt es in einen Dialog einzutreten, in dem alle an der inklusiven Bildung Beteiligten voneinander lernen. Als eine solche Lernmöglichkeit soll auch die QU!S verstanden werden. Die Mitglieder des QU!S-Teams verstehen sich im Rahmen der wissenschaftlichen Begleitung als Lernende, die von den Erfahrungen der Schüler, Lehrkräfte, Schulleitungen, Eltern und weiterer Beteiligter lernen wollen.

Wir danken an dieser Stelle allen Kollegen aus dem B!S-Team für die vielen Rückmeldungen zur Entwicklung der QU!S. Ganz besonderer Dank gilt den Experten, die sich an der Beurteilung der QU!S beteiligt haben. Zu tiefem Dank sind wir auch den Schulen verpflichtet, die wir im Rahmen von Hospitationen durch den Wissenschaftlichen Beirat „Inklusion" in Bayern und durch die QU!S-Studie selbst kennengelernt haben. Mit ihren Erfahrungen haben sie gleichsam die Grundlage für die QU!S geliefert. Inspirierend wirkten gleichfalls die Untersuchungsinstrumente zur Feststellung der pädagogischen Qualität in Kindertageseinrichtungen (z. B. KES-R, KRIPS-R) von Prof. Dr. Wolfgang Tietze an der Freien Universität (FU) Berlin, die uns ermutigt haben das Konzept der Qualitätsskalen auf den Schulbereich zu übertragen.

Danken möchten wir ebenfalls unseren Studentischen Hilfskräften Lena Füglein, Johanna Leiner, Jennifer Wimmer und Viktor Böhler für ihr Engagement zur Realisierung der QU!S-Studie.

Besonders hervorheben möchten wir die Arbeit von Petra Weidner vom Projekt-Sekretariat, die nicht nur beim Korrekturlesen und bei der grafischen Gestaltung der QU!S-Studie entscheidenden Anteil hatte, sondern darüber hinaus alle Phasen der Entwicklung und Erprobung der QU!S intensiv mit begleitet hat.

Ebenfalls gilt unser Dank dem Bayerischen Staatsministerium für Bildung und Kultus, Wissenschaft und Kunst für die großzügige Unterstützung des „Begleitforschungsprojektes inklusive Schulentwicklung (B!S)", ohne die die QU!S nicht hätte entwickelt werden können.

Zur QU!S bieten wir ein QU!S-Training an. Es handelt sich um eine zweitägige Veranstaltung an der Ludwig-Maximilians-Universität München mit einer Einführung in den Aufbau, die Handhabung und die Auswertung der QU!S sowie einer praktischen Erprobung in inklusiven Schulen. Anmeldungen sind ab sofort per e-mail möglich: Ulrich.Heimlich@lmu.de.

Der besseren Lesbarkeit halber steht die männliche Schreibweise im folgenden Text für beide Geschlechter.

Und nun hoffen wir, dass die inklusiven Schulen von der QU!S bei der Qualitätsentwicklung profitieren können.

Spezielle Fachausdrücke auf den Arbeitskarten sind mit einem * gekennzeichnet und im Glossar erläutert.

München, im Juni 2018

Ulrich Heimlich	Kathrin Wilfert
Christina Ostertag	Markus Gebhardt

1 Entstehung der Qualitätsskala zur inklusiven Schulentwicklung (QU!S)

Die „Qualitätsskala zur inklusiven Schulentwicklung (QU!S)" folgt dem Mehrebenenmodell der inklusiven Schulentwicklung (s. Kap. 2), wie es zunächst in der Schulbegleitforschung zu integrativen Schulen entwickelt worden ist (vgl. Heimlich/Jacobs 2001). Hintergrund war dabei die Erkenntnis aus der Begleitforschung zu integrativen Projekten im Bildungssystem seit Anfang der 1970er Jahre, dass mit der Aufnahme von Kindern mit Behinderung in eine Bildungseinrichtung (z. B. Kindertageseinrichtungen, Schulen) zugleich die Aufgabe entsteht, die jeweilige Bildungseinrichtung als System zu verändern (vgl. Heimlich 2003). Das neue bildungspolitische Leitbild der Inklusion hat dieser Aufgabe eine zentrale Bedeutung verliehen. Seit Inkrafttreten der UN-Konvention über die Rechte von Menschen mit Behinderung gilt es auch im Schulbereich dieser ökologisch-systemischen Perspektive Geltung zu verschaffen und Schulen als Systeme in die Lage zu versetzen, alle Kinder aufzunehmen.

Der Wissenschaftliche Beirat „Inklusion", der vom Bayerischen Landtag beauftragt wurde, inklusive Schulprojekte in Bayern zu beraten und zu begleiten, hat ab dem Jahr 2011 zahlreiche Modellprojekte in bayerischen Schulen besucht. Grundlage der Hospitationen war ein Gesprächsleitfaden, der ebenfalls auf dem Mehrebenenmodell der inklusiven Schulentwicklung beruhte. Aus den Gesprächen mit allen Beteiligten bei diesen Schulbesuchen entstand der Wunsch, eine konkrete Arbeitsgrundlage für die inklusive Schulentwicklung in bayerischen Schulen zu entwickeln. Der Wissenschaftliche Beirat „Inklusion" hat daraufhin im Jahre 2012 einen Leitfaden „Profilbildung inklusive Schule" entwickelt (vgl. Fischer/Heimlich/Kahlert/Lelgemann 2013). Dieser Leitfaden wurde vom Bayerischen Staatsministerium für Unterricht und Kultus allen bayerischen Schulen (ca. 6.000) in einer Printversion und als PDF-Dokument zum Download (www.km-bayern.de) zur Verfügung gestellt. Der Leitfaden enthält zahlreiche Qualitätsstandards für die Entwicklung inklusiver Schulen und soll anhand von Leitfragen zu den einzelnen Qualitätsstandards dazu beitragen, dass die Schulen mit dem Profil Inklusion in Bayern ihr eigenes Inklusionskonzept weiterentwickeln. Dabei sind durchaus unterschiedliche Prozesse auf verschiedenen Ebenen und in differenziertem Entwicklungstempo angestrebt.

Der Leitfaden „Profilbildung inklusive Schule" war zugleich die Basis für die Entwicklung der „Qualitätsskala zur inklusiven Schulentwicklung (QU!S)". Aufbauend auf dem Leitfaden wurden auf den verschiedenen Ebenen der inklusiven Schulentwicklung operationalisierte Qualitätsstandards und entsprechende Ausprägungsgrade formuliert. Ziel ist es dabei, ein objektives, valides und reliables Instrument zur Messung inklusiver Qualität in Schulen zu erhalten. Damit soll sowohl die Selbsteinschätzung von inklusiven Schulen unterstützt und auf ein methodisch sicheres Fundament gestellt werden als auch eine Grundlage für externe Rückmeldungen an Schulen bezogen auf die inklusive Qualität ermöglicht werden. Gleichzeitig sind von der QU!S auch Vergleichsdaten zu erwarten, die es erlauben inklusive Schulentwicklung in unterschiedlichen Regionen miteinander in Beziehung zu setzen. Die QU!S soll dabei ausdrücklich als ein Element des Dialogs zwischen Schulbegleitforschung und Schulpraxis verstanden werden, in dem beide Seiten voneinander lernen.

Für die äußere Form der QU!S sind zahlreiche Anregungen aus der Kindergartenskala (KES-R) (vgl. Tietze u. a. 2001) und der Kinderkrippenskala (KRIPS-R) (vgl. Tietze u. a. 2005) aufgenommen worden, die wiederum aus der „Early Childhood Environment Rating Scale" hervorgegangen sind (vgl. Harms/Clifford/Cryer 1998).

2 Inklusive Schulentwicklung

Die Ausgangshypothese für die Entwicklung der QU!S ist die Annahme, dass inklusive Schulentwicklung Veränderungen auf mehreren Ebenen von Schulen nach sich zieht. Vor dem Hintergrund des ökologischen Rahmenkonzepts in den Sozialwissenschaften (vgl. Bronfenbrenner 1989) ist davon auszugehen, dass für Bildungs- und Erziehungsprozesse eine Kind-Umfeld-Orientierung als grundlegend gilt. Sowohl das Kind als auch sein Umfeld sind Gegenstand pädagogischer Intervention. In der Heil- und Sonderpädagogik wird diese basale Orientierung inzwischen ebenfalls umfassend rezipiert (vgl. Speck 2008; Sander 1999; Heimlich 2009; Preuss-Lausitz 2009). Die Schulentwicklungsforschung hat überdies gezeigt, dass Mehrebenenanalysen am ehesten in der Lage sind, die komplexen Veränderungsprozesse in Schulen abzubilden (vgl. Reinders/Ditton/Gräsel/Gniewosz 2011). Für die inklusive Schulentwicklung haben sich die folgenden Ebenen von Veränderungen als bedeutsam erwiesen:

- Ebene der Kinder und Jugendlichen mit individuellen Bedürfnissen,
- Ebene des Unterrichts und des inklusiven Unterrichts,
- Ebene der multiprofessionellen Zusammenarbeit im Team,
- Ebene des inklusiven Schulkonzepts und Schullebens,
- Ebene der externen Unterstützungssystem und Vernetzung mit dem Umfeld.

Inklusive Schulen stehen vor der Aufgabe, auf all diesen Ebenen mehr Teilhabe für Kinder und Jugendliche zu ermöglichen. Dazu ist es erforderlich, dass Barrieren für die Begegnung von Kindern und Jugendlichen in den verschiedenen Situationen im Schulleben über Unterricht und Förderung hinaus abgebaut werden. Auf diesem Wege ist das Voneinander-Lernen möglich, mit dem erst der entscheidende Schritt hin zur Inklusion gemacht werden kann (vgl. Heimlich/Kahlert 2012; Lienhard-Tuggener/Joller-Graf/Mettauer-Szaday 2011; Mittendrin e.V. 2012; Wilhelm/Eggertsdóttir/Marinósson 2006; Wocken 2012). Vielfältige Anregungen zur inklusiven Schulentwicklung bietet auch der Index für Inklusion (vgl. Booth/Ainscow 20017), in dem vorgeschlagen wird neben inklusiven Kulturen, inklusive Leitlinien und eine inklusive Praxis zu entwickeln.

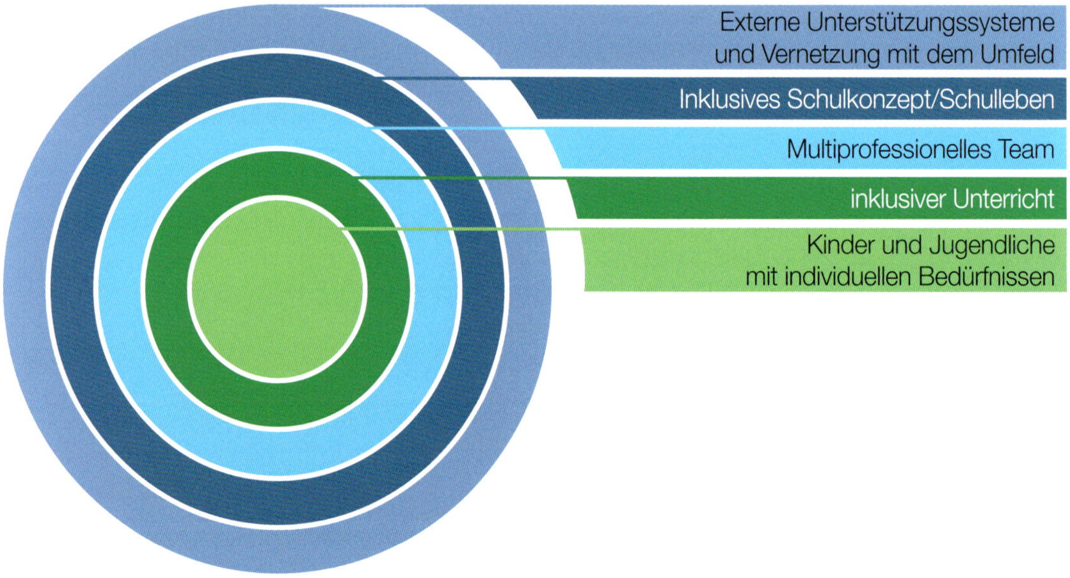

Abb. 1: Ökologisches Mehrebenenmodell der inklusiven Schulentwicklung (vgl. Heimlich 2003)

3 Inklusive Qualität in Schulen

Inklusive Schulentwicklung erfordert eine hohe pädagogische Qualität. Im Diskurs zur sozialen Qualität im Bereich der Behindertenhilfe allgemein wird davon ausgegangen, dass Qualität im Leben von Menschen mit Behinderungen zugleich inklusive Qualität ist (vgl. Speck 1999). Dabei ist Qualität in diesem Zusammenhang stets normativ geprägt im Sinne einer guten Qualität und verbunden mit den Teilwerten Menschlichkeit, Autonomie, Professionalität, Kooperativität, Organisationale Funktionalität und Wirtschaftlichkeit (vgl. a. a. O., S. 130ff.). In Bezug auf Bildungseinrichtungen ist schließlich zwischen Strukturqualität, Prozessqualität und Ergebnisqualität zu unterscheiden. Während die Strukturqualität den Blick auf die optimalen Rahmenbedingungen für inklusive Bildung lenkt, fokussiert die Prozessqualität auf den konkreten Ablauf des inklusiven Bildungsgeschehens unter dem Aspekt der Interaktion aller Beteiligten auf allen Ebenen. Bei der Ergebnisqualität steht ausschließlich der „output" von inklusiven Bildungsprozessen im Mittelpunkt.
Im Arbeitsfeld Schule hat sich gezeigt, dass die Qualität der Schulentwicklung letztlich im Bereich der einzelnen Schule gesteuert wird (vgl. Fend 1998). Dabei ist nicht nur die Mikroebene der unmittelbaren Lehrer-Schüler-Interaktion wirksam, sondern ebenso die Mesoebene des Schullebens und Schulkonzepts sowie die Makroebene der organisatorisch-rechtlichen Rahmenbedingungen (vgl. Wiater 2012).
Die QU!S stellt die Prozessqualität in den Mittelpunkt und ist damit vorrangig auf die Interaktionen aller Beteiligten ausgerichtet. Zugleich soll sie inklusive Qualität auf allen Ebenen der inklusiven Schulentwicklung abbilden. Dazu werden Qualitätsstandards auf allen fünf Ebenen der inklusiven Schulentwicklung formuliert. Diese Qualitätsstandards beschreiben auf den verschiedenen Ebenen der inklusiven Schulentwicklung (Förderung, Unterricht, Team, Schulkonzept, externe Vernetzung) jeweils Aspekte optimaler inklusiver Qualität.
Die Strukturqualität wird in Ergänzung zur QU!S mit einem Schulleiterfragebogen erfasst, um beide Aspekte inklusiver Qualität für die einzelne Schule in ein Verhältnis setzen zu können.
Leitend ist dabei ein Verständnis von inklusiver Qualität, das auf eine bestimmte Erfahrungsqualität aller Beteiligten auf allen Ebenen der Schulentwicklung abzielt. Von inklusiver Qualität wird dann gesprochen, wenn auf den Ebenen Förderung, Unterricht, Team, Schulkonzept und externe Vernetzung alle Beteiligten teilhaben und etwas beitragen können. Letztlich geht dieses Qualitätskonzept auf den Ansatz der *diversity education* zurück, wie er schon bei John Dewey (1916) in seiner demokratischen Pädagogik grundgelegt worden ist und u. a. von Annedore Prengel in einer „Pädagogik der Vielfalt" ausformuliert wurde (vgl. Prengel 1995).

4 Aufbau der QU!S

Die QU!S beinhaltet 25 Qualitätsstandards, die in fünf übergeordneten Ebenen zusammengefasst sind. Jeder Standard umfasst fünf verschiedene Ausprägungsgrade, die durch eine fünfstufige Skala gegliedert sind.

4.1 Ebenen der QU!S

- **Ebene 1:**
  Kinder und Jugendliche mit individuellen Bedürfnissen (fünf Standards)
- **Ebene 2:**
  Inklusiver Unterricht (fünf Standards)
- **Ebene 3:**
  Multiprofessionelle Teamkooperation (fünf Standards)
- **Ebene 4:**
  Schulkonzept und Schulleben (fünf Standards)
- **Ebene 5:**
  Vernetzung mit dem Umfeld (fünf Standards)

4.2 Qualitätsstandards in der QU!S

- **Qualitätsstandards der Ebene 1 (Kinder und Jugendliche mit individuellen Bedürfnissen):**
  Die Standards beziehen sich auf die verschiedenen sonderpädagogischen Förderschwerpunkte, den förderdiagnostischen Bericht, den Förderplan, die Lernausgangslage und die Lernentwicklung sowie auf die individuelle Förderung.
- **Qualitätsstandards der Ebene 2 (Inklusiver Unterricht):**
  Die Standards erfassen die Berücksichtigung der individuellen Zugänge zu den Lerninhalten, die Orientierung an den unterschiedlichen Lern- und Leistungsvoraussetzungen, die Klarheit und Transparenz des Unterrichts, die Organisation des Lern- und Entwicklungsraumes sowie die Bemühungen zur Sicherung eines lernförderlichen Klimas.
- **Qualitätsstandards der Ebene 3 (Multiprofessionelle Teamkooperation):**
  Die Standards beschreiben die Arbeit des Teams im Unterricht, die gemeinsame Planung des Unterrichts, die gemeinsame Reflexion, die Organisation der Arbeitsabläufe und die Kooperation über die Grenzen der Klasse hinaus.
- **Qualitätsstandards der Ebene 4 (Inklusives Schulkonzept und Schulleben):**
  Die Standards thematisieren die Möglichkeiten, die mit einer inklusiven Schule verbundenen Chancen und Herausforderungen zu reflektieren – die Beteiligung der Schulleitung an der Entwicklung eines inklusiven Schulkonzepts, die Teilnahme der gesamten Schülerschaft an unterrichtlichen und außerschulischen Aktivitäten, die Verankerung des Leitbildes der Inklusion im Schulkonzept sowie die Unterstützung der Inklusion durch das Kollegium.
- **Qualitätsstandards der Ebene 5 (Externe Unterstützungssysteme und Vernetzung mit dem Umfeld):**
  Die Standards erfassen die Kooperation mit allen am direkten pädagogischen Prozess Beteiligten, die Entwicklung eines Netzwerkes, die Zusammenarbeit mit den Eltern, die Einbeziehung des Umfeldes sowie die fachliche Beratung und Begleitung.

4.3 Ausprägungsgrade der Qualitätsstandards in der QU!S

Jeder Qualitätsstandard wird anhand von fünf ausformulierten Ausprägungsgraden aufgefächert, die wiederum eine fünfstufige Skala repräsentieren.

4.4 Gesamtübersicht

1.	**Kinder und Jugendliche mit individuellen Bedürfnissen**
1.1	Sonderpädagogische Förderschwerpunkte werden in die individuelle Förderung mit einbezogen.
1.2	Die Schüler mit sonderpädagogischem Förderbedarf haben einen Förderdiagnostischen Bericht als Grundlage für die individuelle Förderung.
1.3	Die Schüler mit sonderpädagogischem Förderbedarf haben einen Förderplan.
1.4	Der Stand der Lernentwicklung der Schüler wird regelmäßig überprüft.
1.5	Die Schüler können individuelle Förderung in Anspruch nehmen.
2.	**Inklusiver Unterricht**
2.1	Inklusiver Unterricht berücksichtigt die individuellen Zugänge der Schüler zu den Lerninhalten.
2.2	Der Unterricht trägt den unterschiedlichen Lern- und Leistungsvoraussetzungen der Schüler angemessen Rechnung.
2.3	Der Unterricht ist für die Schüler klar, verständlich und transparent.
2.4	Inklusiver Unterricht bietet den Schülern einen wohlorganisierten Lern- und Entwicklungsraum.
2.5	Inklusiver Unterricht bemüht sich um ein lernförderliches Klima.
3.	**Multiprofessionelle Teamkooperation**
3.1	Im Unterricht wird im Team gearbeitet.
3.2	Der Unterricht wird gemeinsam geplant und in Absprache durchgeführt.
3.3	Die Unterrichts- und Erziehungsarbeit wird gemeinsam reflektiert.
3.4	Die pädagogische Arbeit wird so organisiert, dass diese möglichst zeitnah und effektiv zu bewältigen ist.
3.5	Kooperation findet auch über die Grenzen der Klasse hinaus statt.
4.	**Inklusives Schulkonzept und Schulleben**
4.1	Die Schulleitung eröffnet Möglichkeiten, über die Chancen einer inklusiven Schule zu reflektieren.
4.2	Die Schulleitung ist aktiv an der Entwicklung eines inklusiven Schulkonzepts beteiligt.
4.3	Im Schulleben ist es selbstverständlich, dass die Schüler an den unterrichtlichen und außerunterrichtlichen Aktivitäten teilnehmen können.
4.4	Die Schule hat das Leitbild der Inklusion in ihrem Schulkonzept verankert.
4.5	Vom Kollegium wird das Thema Inklusion unterstützt.
5.	**Externe Unterstützungssysteme und Vernetzung mit dem Umfeld**
5.1	Die Schule kooperiert mit den am pädagogischen Prozess direkt Beteiligten, damit den Schülern bestmögliche Lernbedingungen eröffnet werden.
5.2	Die Schule strebt die Entwicklung eines Netzwerkes an, damit den Schülern bestmögliche Lebens- und Entwicklungsbedingungen in der Gesellschaft eröffnet werden.
5.3	Die Zusammenarbeit mit den Eltern wird als Voraussetzung betrachtet, um die inklusive Schule voranzubringen.
5.4	Das Umfeld wird in die inklusive Schulentwicklung mit einbezogen.
5.5	Die Schule kann auf fachliche Beratung und Begleitung zurückgreifen.

5 Anwendung der QU!S

Mit der QU!S liegt ein Qualitätsmessinstrument vor, das objektive Rückmeldungen zum Entwicklungsstand der pädagogischen Qualität der beteiligten Schulen mit inklusivem Profil möglich macht. Voraussetzung für einen aussagekräftigen und objektiven Einsatz der QU!S ist ein umfangreiches Training der Beobachter bzw. Beurteiler.

5.1 Handhabung der QU!S

Mit der Einschätzskala QU!S werden Ergebnisse festgehalten, die auf der Grundlage einer mindestens zweistündigen (2 x 45 Minuten) Unterrichtsbeobachtung durch zwei geschulte Beobachter bzw. Beurteiler und einer ergänzenden Befragung der Klassenlehrkraft, der sonderpädagogischen Lehrkraft sowie der Schulleitung beruhen. Es ist genau festgelegt, was und wie zu beobachten ist. Durch die offene Beobachtungssituation kann zwischen Beobachteten und Beobachtern ein Vertrauensverhältnis geschaffen werden, was sich positiv auf die anschließenden Interviews auswirkt.

- **Kennenlernen der QU!S**

Für alle Standards ist eine Hierarchisierung der Qualität zwischen den Ausprägungsgraden 1 und 5 vorgesehen. Um möglichst genaue und objektive Ergebnisse zu erhalten, sind teilweise ergänzende Hinweise aufgeführt und mögliche Beispielfragen formuliert.
Der Beobachter bzw. Beurteiler sollte die einzelnen Standards einschließlich der ergänzenden Hinweise und der möglichen Fragen zur Vorbereitung mehrmals genau lesen. Die Skalenstufen sollten immer von links nach rechts gelesen und durch wiederholtes Lesen und die bewusste Auseinandersetzung verinnerlicht werden, so dass sich der Beobachter bzw. Beurteiler problemlos in dem Auswertungsbogen zurechtfindet.

- **Beobachten und Befragen innerhalb der QU!S**

Beobachtungen stellen „hohe soziale und fachliche Anforderungen" (Atteslander 2010) an die Forscher. Denn von der Genauigkeit der Beobachtungen sowie der konkreten Beurteilung der einzelnen Items hängt die Aussagekraft der Ergebnisse ab. Die umfassende Kenntnis über das Beobachtungsfeld wird vorausgesetzt. Die Einschätzung der Standards erfolgt auf der Basis der Befragung der Klassenlehrkraft und der sonderpädagogischen Lehrkraft (Qualitätsebene 1 und 3), der mindestens zweistündigen Unterrichtsbeobachtung (Qualitätsebene 2) sowie der Befragung einer Person des Schulleitungsteams (Qualitätsebene 4 und 5).
Die Befragung der Klassenlehrkraft (für die Qualitätsebene 2) erfolgt nach der Unterrichtsbeobachtung. Für das Gespräch werden 45 Minuten veranschlagt. Eine Befragung während der Unterrichtshospitation ist ausdrücklich nicht erwünscht. Das Feld „Bemerkungen" dient dazu, Informationen zur Bewertung von einzelnen Merkmalen zu erhalten, die nicht durch die Beobachtung allein eingeschätzt werden können. Die Beispielfragen können an die Situation angepasst werden. Es ist darauf zu achten, die Fragen offen zu formulieren und keine Suggestivfragen zu verwenden.

- **Ausfüllen des Auswertungsbogens zur QU!S**

Für jede Qualitätsebene gibt es einen Auswertungsbogen, auf dem die Ergebnisse eingetragen werden. Der Bewertungsbogen enthält auf dem Deckblatt ein Feld, für allgemeine Angaben (Schule, Klasse, Beginn und Ende des Beobachtungszeitraums etc.). Die Eintragungen können bereits vorbereitend vorgenommen werden.
Die Standards werden eingeschätzt mit:

J	=	Ja, die Beschreibung trifft zu
N	=	Nein, die Beschreibung trifft nicht zu
NA	=	Nicht anwendbar

Die Bewertung der 25 Standards reicht von 1 bis 5. Die Kästchen „J“, „N“ oder in Ausnahmen auch „NA“ werden markiert, wenn der Beobachter bzw. Beurteiler ausreichend Informationen während des Beobachtungsprozesses erhalten hat. Wenn genügend Informationen für eine abschließende Bewertung des Standards vorliegen, wird die Bewertungsstufe, die erreicht worden ist, auf dem Auswertungsbogen angekreuzt. Die noch offenen Standards werden im anschließenden Gespräch mit der Lehrkraft oder einer Person aus dem Schulleitungsteam bearbeitet.

5.2 Bewertungssystem der QU!S

Jeder Qualitätsstandard besteht aus mehreren ausformulierten Ausprägungsgraden. Die Ausprägungsgrade sind durch eine fünfstufige Skala gegliedert. Der Ausprägungsgrad 5 schließt die Ausprägungsgrade 1, 2, 3 und 4 mit ein. Zu einer Bewertung mit den Stufen 2 und 4 kann es nur dann kommen, wenn in der jeweils darunter liegende Stufe alle Aspekte erfüllt sind.

Bewertungsbeispiel:
Qualitätsstandard 2.3: Der Unterricht ist für alle Schüler klar, verständlich und transparent.
Ausprägungsgrad 2.3.2: Die Schüler können nachfragen, um Anforderungen zu verstehen.

- Beobachtung: Die Lehrkraft drückt sich unklar aus.
- Bewertung: Bei dieser Beobachtung wird in der Bewertung bei der Skalenstufe 1 (2.3.1: Die Handlungsanweisungen der Lehrkraft sind für die Schüler verständlich) stehengeblieben.

5.3 Auswertung der QU!S

Die Auswertung der QU!S erfolgt auf den fünf Ebenen der inklusiven Schulentwicklung, für die jeweils fünf Qualitätsstandards vorliegen.
Die jeweils beurteilten Werte sind in den Auswertungsbogen zur QU!S (s. Anhang) zu übertragen. Auf diese Weise kann die Ausprägung jedes einzelnen Qualitätsstandards für sich betrachtet werden.
Ebenso ist denkbar, dass eine Ebene der inklusiven Schulentwicklung insgesamt betrachtet wird. Dazu können die fünf Qualitätsstandards der jeweiligen Ebene nebeneinander gestellt werden. Für die Gesamtauswertung eignet sich am besten die Profilbildung mit Hilfe des QU!S -Mosaiks (s. Anhang).

5.4 Profilbildung mit dem QU!S-Mosaik

Die Übertragung der Beurteilungen zu den Qualitätsstandards auf den verschiedenen Ebenen der inklusiven Schulentwicklung in das QU!S-Mosaik (s. Anhang) ermöglicht eine Gesamtbetrachtung der gefundenen Ergebnisse zur inklusiven Qualität der Einzelschule. Über diesen Weg wird auf einen Blick sichtbar, was die einzelne Schule bereits erreicht hat und wo noch Entwicklungsmöglichkeiten liegen. Insofern bietet das QU!S-Mosaik eine Grundlage für die Diskussion der Befunde zur inklusiven Qualität mit den Lehrkräften und der Schulleitung der jeweiligen Schule.
Für Forschungszwecke ist es darüber hinaus möglich, dass die Werte mehrerer Einzelschulen zu Durchschnittswerten einer größeren Stichprobe zusammengefasst werden. Mit dem QU!S-Profil ergibt sich dann auch die Chance, die inklusive Schulentwicklung z. B. in einem Bundesland oder in einer Region abzubilden.

6 Nutzungsmöglichkeiten der QU!S

Mit der QU!S können Erfahrungen der Schulen mit dem Profil Inklusion im Sinne des Prinzips „von der Praxis lernen" festgehalten werden. Das vorliegende Instrument kann als Fremdeinschätzung oder auch als Selbsteinschätzung genutzt werden. Bezogen auf die Selbsteinschätzung ist allerdings zu berücksichtigen, dass vorab ein intensives Training mit der QU!S erforderlich ist, damit auch die entsprechende Übereinstimmung der Beurteilungen gewährleistet ist.
Darüber hinaus kann für Lehrkräfte und Schulleiter, die an einer inklusiven Schule arbeiten, der Entwicklungsstand ihrer Schule mit dem Profil Inklusion eingeschätzt und eine Diskussion über die Möglichkeiten zur Weiterentwicklung des Profils Inklusion angeregt werden, da ein detaillierter Überblick über die Prozessqualität gegeben wird.
Externe Beobachter, die sog. „kritischen Freunde", können anhand des Ergebnisprofils der QU!S Anregungen und Impulse zur Qualitätsverbesserung geben und sich gezielt mit dem Team an der jeweiligen Schule vernetzen. Durch den wiederholten Einsatz der QU!S über mehrere Erhebungszeitpunkte wird es möglich, dass Entwicklungsprozesse auf der Ebene der jeweiligen Einzelschule dokumentiert werden.
Für die Auseinandersetzung mit Qualitätsfragen in der Aus- und Weiterbildung können die Qualitätsstandards der QU!S ebenso zum Einsatz kommen. Aus dem jeweiligen Stand der Entwicklung von Qualität in inklusiven Schulen können entsprechende Fortbildungsinteressen und -themen abgeleitet werden, so dass bezogen auf die weiteren geplanten Schritte in der inklusiven Schulentwicklung gezielte Angebote der Fort- und Weiterbildung generiert werden können.
Auch im wissenschaftlichen Kontext eignet sich die QU!S für Untersuchungen im Bereich von Schulen, die sich auf den Weg zur Inklusion machen wollen. In diesem Fall ist es zukünftig möglich, dass mit der QU!S Daten aus unterschiedlichen Regionen und Landesteilen erhoben und miteinander verglichen werden können. Dadurch können zukünftig die unterschiedlichen Anforderungen an die Entwicklung inklusiver Schulen bezogen auf die verschiedenen Einzugsbereiche von Schulen näher beschrieben werden.

7 Technische Qualität der QU!S

Mit Hilfe des vorliegenden Manuals zur QU!S soll zunächst die Durchführungs- und Auswertungsobjektivität sichergestellt werden. Vor der Durchführung der QU!S ist ein intensives Beobachter- und Beurteilertraining erforderlich. Alle Beurteiler müssen beim Einsatz der QU!S eine Interbeurteilerübereinstimmung (sog. „Konkordanz") von mindestens 75% erreichen (vgl. Bortz/Lienert 2008, S. 309ff.). Die Qualitätsstandards und die Ausprägungsgrade beschreiben die inklusive Qualität in Schulen in operationalisierter Form, so dass sie unmittelbar beobachtbar und beurteilbar sind. Die Durchführung wird im Detail beschrieben und ist mit Hilfe des Manuals in standardisierter Form möglich. Die Auswertung erfolgt ebenfalls in standardisierter Form über den QU!S-Auswertungsbogen (s. Anhang).

In einem zweiten Schritt ist die inhaltliche Validität bestimmt worden. Da die QU!S auf der Basis des Leitfadens „Profilbildung inklusive Schule" entwickelt worden ist, kann hier bereits von einem bestimmten Expertenkonsens zur inhaltlichen Validität der QU!S ausgegangen werden. Dieser wird auch durch eine entsprechende Literaturrecherche sowie durch den Vergleich mit dem „Index für Inklusion" (vgl. Booth/Ainscow 2017) abgesichert. Da es jedoch keine Vergleichsmöglichkeiten mit anderen Instrumenten gibt, ist zur QU!S zusätzlich ein Experten-Rating durchgeführt worden. Die QU!S ist zehn internationalen Experten aus der Inklusions- und Schulentwicklungsforschung (Deutschland, Österreich Schweiz) zusammen mit einem Beurteilungsbogen vorgelegt worden. Dabei war die Frage zu beantworten, ob das jeweilige Item für die inklusive Qualität bedeutsam ist. Die Experten hatten die Möglichkeit die Bedeutsamkeit der QU!S-Items auf einer bipolaren Ratingskala mit zwei Ausprägungsgraden zu beurteilen: 0 = nicht bedeutsam, 1 = bedeutsam. Es sollten nur Items in der QU!S belassen werden, die von mehr als drei Viertel der Experten als bedeutsam angesehen werden (vgl. Bortz/Döring 2006, S.177ff.). Von den 125 Items der QU!S erhielten in diesem Experten-Rating 106 Items eine Zustimmung von 80%, weitere 12 Items eine Zustimmung von 70%. Sieben Items lagen unter 70% und vier Items unter 60%. Kein Item enthielt weniger als 50% Zustimmung. Änderungsvorschläge aus dem Experten-Rating bezogen sich besonders auf spezifische bayerische oder bundesdeutsche Aspekte der inklusiven Schulentwicklung. Diese Vorschläge wurden im Rahmen einer inhaltlichen Überarbeitung der QU!S einbezogen. Vor diesem Hintergrund ist davon auszugehen, dass die Validität der QU!S im Sinne der Gültigkeit bezogen auf die Anforderungen der inklusiven Schulentwicklung als gegeben vorausgesetzt werden kann.
Die so entstandene Erprobungsfassung der QU!S wurde im Rahmen einer Voruntersuchung in zehn bayerischen Schulen (Grund- und Mittelschulen, Realschule, Gymnasium) angewendet, die nicht als Schulen mit dem Profil Inklusion anerkannt sind, aber bereits Erfahrungen mit der Integration von Kindern und Jugendlichen mit sonderpädagogischem Förderbedarf gesammelt haben. Die Beurteilung der einzelnen Schule erfolgt jeweils im Team von zwei Beobachtern bzw. Beurteilern, wobei die Konkordanz ebenfalls mindestens 75% erreichen muss. In dieser Voruntersuchung waren 3645 Schüler erfasst. Davon hatten 200 einen sonderpädagogischen Förderbedarf. Alle Förderschwerpunkte waren in der Untersuchungsgruppe vertreten. Die Zuverlässigkeit (Reliabilität) der QU!S wurde über Cohens Kappa-Koeffizienten für zwei Beurteiler und über die Guttman-Skala berechnet. Mit einem Wert von $\kappa_{QU!S} = 0{,}94$ kann von einer guten Konkordanz der QU!S ausgegangen werden. Zur Analyse der Item-Trennschärfe der QU!S wurde geprüft, inwieweit die QU!S den Anforderungen an eine Guttman-Skala (bzw. ein Skalogramm) genügt. Dem liegt die Idee zugrunde, dass die Ausprägungsgrade einer Skala z. B. von 1 bis 5 ein zugrundeliegendes Modell in steigendem Maße repräsentieren. Bei der QU!S handelt es sich um das Mehrebenenmodell der inklusiven Schulentwicklung. Der Ausprägungsgrad 5 muss dabei die Ausprägungsgrade 1, 2, 3 und 4 einschließen. Auslassungen in dieser Rangfolge werden als Fehler gewertet. Der Toleranzwert für die Guttman-Skala liegt bei 0,9. Der Reproduktionsquotient für die QU!S ($REP_{QU!S}$) liegt bei 0,94. Insofern konnte auf der Basis des Pretests davon ausgegangen werden, dass die QU!S Skalogramm-Qualität hat und die Items eine zufriedenstellende Trennschärfe repräsentieren. Die Erprobungsfassung wurde in einigen wenigen Items nochmals überarbeitet, weil sich herausstellte, dass

einige Items, die bei der Konstruktion der QU!S als qualitativ anspruchsvoll angesehen worden sind, in den Schulen anders bewertet wurden.

Die endgültige Fassung der QU!S wurde anschließend in bayerischen Schulen mit dem Profil Inklusion eingesetzt. In der Hauptuntersuchung liegen derzeit Daten von 62 Grund- und Mittelschulen mit dem Profil Inklusion bezogen auf eine Schülergruppe von 14.529 Schülern vor. 1.642 Schüler hatten einen sonderpädagogischen Förderbedarf. Auch in der Hauptuntersuchung waren alle Förderschwerpunkte präsent. Cohens-Kappa-Koeffizient für die Hauptunterschung betrug $\kappa_{QU!S} = 0{,}94$ und bestätigt damit das Ergebnis des Pretests. Der Reproduktionskoeffizient im Sinne der Guttman-Skala $REP_{QU!S}$ liegt bei 0,97 und konnte gegenüber dem Pretest sogar noch einmal gesteigert werden. Somit konnte bestätigt werden, dass die Beurteiler von dem zugrunde liegenden Mehrebenenmodell der inklusiven Schulentwicklung sowie den Qualitätsstandards und Ausprägungsgraden überzeugt waren.

Damit folgte der Prozess der Konstruktion der QU!S im Wesentlichen den gängigen Stufen der Testentwicklung (vgl. Bühner 2010, S. 46ff.). Im Unterschied zur Testkonstruktion ist jedoch festzuhalten, dass bei der QU!S kein einheitliches theoretisches Konstrukt als latente Variable überprüft wird. Das ist angesichts der Vielschichtigkeit von inklusiven Schulentwicklungsprozessen nicht realisierbar. Da es sich bei der Hauptuntersuchung um eine Ad-hoc-Stichprobe handelt, sind ebenfalls Einschränkungen bei der internen Validität zu erwarten. Diese ergeben sich allerdings aus der Gesamtanlage der Studie zur QU!S, in der die Bildung einer Kontrollgruppe aus fachlichen Gründen (z. B. von nicht-inklusiven Schulen) nicht sinnvoll erscheint (für weitere Analysen zur QU!S-Studie: vgl. Heimlich/Ostertag/Wilfert de Icaza 2016).

8 Glossar

Behinderung: im Person-Umfeld-System vorhandene Barrieren im Sinne erschwerter Lern- und Lebenssituationen

Bericht, Förderdiagnostischer: in Bayern der Bericht zur Feststellung des → sonderpädagogischen Förderbedarfs bei Schülern der allgemeinen Schulen (ähnlich aufgebaut wie ein sonderpädagogisches Gutachten)

Bildung, inklusive: Angebot zur Entwicklung selbstbestimmter Formen der Teilhabe in Bildungseinrichtungen und darüber hinaus (→ Inklusion) unter Einschluss informellen Lernens

Bildungssystem, inklusives: lt. Art. 24 der UN-Konvention über die Rechte von Menschen mit Behinderung das → Leitbild zur Weiterentwicklung der Bildungseinrichtungen in allen Altersstufen und auf allen Ebenen

Ergebnisqualität: auf den *output* gerichtete Prüfung der → Qualität von Bildungseinrichtungen

Exklusion: Ausschluss von der gesellschaftlichen Teilhabe (→ Inklusion)

Förderbedarf, sonderpädagogischer: lt. Empfehlungen der KMK von 1994ff. der Bedarf an sonderpädagogischer Unterstützung von Schülern nach Ausschöpfung der Möglichkeiten allgemeiner Schulen

Förderdiagnostik: auf die Feststellung der individuellen Förderbedürfnisse ausgerichtete (sonder)pädagogische Diagnostik

Fördermaterialien, sonderpädagogische: für die → sonderpädagogische Förderung in den verschiedenen → Förderschwerpunkten geeignete Medien (Schulbücher, Förderprogramme, Übungsmaterial usf.)

Förderplan, sonderpädagogischer: schriftlicher Bericht über die Planung der → sonderpädagogischen Förderung

Förderschwerpunkte, sonderpädagogische: Bereiche, in denen → sonderpädagogische Förderung stattfinden soll (emotionale und soziale Entwicklung, geistige Entwicklung, Hören, körperliche und motorische Entwicklung, Lernen, Sehen, Sprache) unter Einbeziehung von Autismus-Spektrumstörungen und langfristigen Erkrankungen

Förderung, individuelle: auf den einzelnen Schüler ausgerichtetes Angebot der pädagogischen Unterstützung

Förderung, sonderpädagogische: Zusammenhang von → Förderdiagnostik, Intervention und Evaluation, der von intensiver Beratung begleitet wird und in einem Begründungszusammenhang steht

Förderunterricht: einzelne Unterrichtsstunden, die ausschließlich zur → individuellen Förderung vorgesehen sind

Förderzentrum, sonderpädagogisches: ehemalige Förderschule, die sich durch Angebote mobiler → sonderpädagogischer Förderung in Kindertageseinrichtungen und allgemeinen Schulen erweitert hat und so ein → regionales Netzwerk ausgebildet hat (in Bayern: bezogen auf die Förderschwerpunkte emotionale und soziale Entwicklung, Lernen und Sprache)

Haltung, inklusive: auf Teilhaben und Beitragen aller Beteiligter abzielende innere Überzeugung bezogen auf die Arbeit in Bildungseinrichtungen und in der Gesellschaft insgesamt

Inklusion: auf Teilhaben und Beitragen ausgerichtete Zielsetzung (→ Haltung, → Leitbild) in allen gesellschaftlichen Bereichen einschließlich des → Bildungssystems

Interbeurteilerübereinstimmung (interrater-agreement): der Grad der Übereinstimmung in der Beurteilung zwischen zwei oder mehreren Beurteilern bzw. Beobachtern (auch: Konkordanz)

Kooperation: die auf der Anerkennung unterschiedlicher Kompetenzen beruhende konkurrenzarme Zusammenarbeit von einer oder mehrerer Personen bzw. Institutionen (z. B. Schüler, Eltern, Lehrer, Schulen)

Leitbild, inklusives: auf die Teilhabe aller Beteiligten ausgerichtete und von allen geteilte Entwicklungsidee einer Bildungseinrichtung für alle (→ Haltung, inklusive)

Methoden: Lehr-Lernarrangements im Unterricht in Schulen (z. B. Unterrichtsgespräch, Freiarbeit, Wochenplan, Stationenlernen, Übung, Lehrgang, Gesprächskreis, Lerntheke usf.) (→ Sozialformen)

Mobiler Sonderpädagogischer Dienst (MSD): Angebot sonderpädagogischer Förderung durch sonderpädagogische Lehrkräfte in allgemeinen Schulen (in Bayern)

Netzwerk, regionales: Komplex von Kontakten aller an der → sonderpädagogischen Förderung und der inklusiven Schulentwicklung Beteiligten, der sich ausgehend von Sonderpädagogischen Förderzentrum entwickelt

Objektivität: Grad der Unabhängigkeit eines Untersuchungsergebnisses vom Beurteiler bzw. Beobachter

Prozessqualität: auf die Interaktion der Beteiligten ausgerichtete Betrachtung von → Qualität

Qualität, inklusive: auf der → Teilhabe und dem Beitrag aller Beteiligten beruhende Güte z. B. eines Bildungsangebotes (→ Inklusion)

Qualitätsstandards: operationalisierte Form der Beschreibung von → Qualität

Reliabilität: Grad der Genauigkeit, mit der ein Untersuchungsergebnis gemessen wird

Schulen, inklusive: die → Teilhabe aller Beteiligter gewährleistende Schule, (in Bayern: Schulen mit dem Profil Inklusion)

Schulentwicklung, inklusive: Maßnahmen zur Umgestaltung von allgemeinen Schulen und Förderschulen zu inklusiven Schulen auf den Ebenen Schüler, Unterricht, Team, Schule und Sozialraum

Schulkonzept, inklusives: schriftlich ausgearbeitete Dokumentation des → Leitbildes, der Ziele, der Entwicklungsschritte sowie der konkreten Maßnahmen und Projekte auf dem Weg zur inklusiven Schule

Schulleben, inklusives: Maßnahmen zur Sicherstellung der Teilhabe aller Schüler an dem schulischen Geschehen insbesondere über den Klassenraum hinaus und zwischen den Schulklassen sowie im Sozialraum

Schulsystem, inklusives: aus allgemeinen Schulen, mobiler sonderpädagogischer Förderung, Sonderpädagogischen Förderzentren und weiteren Unterstützungssystemen bestehender Zusammenhang von Bildungseinrichtungen im schulischen Bereich, der auf die → Teilhabe aller ausgerichtet ist

Setting, inklusives: Organisationsform der inklusiven Arbeit (z. B. inklusive Schulen, inklusive Klassen)

Sozialform: im Unterricht realisierte Form der Zusammenarbeit von Schülern (z. B. Einzelarbeit, Partnerarbeit, Gruppenarbeit, Klassenunterricht) (→ Kooperation, → Methoden)

Strukturqualität: auf die Rahmenbedingungen ausgerichtete Betrachtungsweise zur → Qualität

Team: Zusammenarbeit von zwei oder mehreren Personen (in Bildungseinrichtungen v. a. pädagogische Fachkräfte) im Sinne von → Kooperation

Teilhabe: auf gleichberechtigte und selbstbestimmte Partizipation beruhende Interaktion (→ Inklusion)

Validität: Gültigkeit eines Untersuchungsergebnisses bezogen auf den untersuchten Sachverhalt

9 Anhang

Heimlich/Wilfert/Ostertag/Gebhardt: QU!S- Auswertungsbogen

Ebene 1: Kinder und Jugendliche mit individuellen Bedürfnissen

1.1 Sonderpädagogische Förderschwerpunkte werden in die individuelle Förderung mit einbezogen.

	J	N	NA
1.1.1			
1.1.2			
1.1.3			
1.1.4			
1.1.5			

1 2 3 4 5

1.2 Die Schüler mit sonderpädagogischem Förderbedarf haben einen Förderdiagnostischen Bericht als Grundlage für die individuelle Förderung.

	J	N	NA
1.2.1			
1.2.2			
1.2.3			
1.2.4			
1.2.5			

1 2 3 4 5

1.3 Die Schüler mit sonderpädagogischem Förderbedarf haben einen Förderplan.

	J	N	NA
1.3.1			
1.3.2			
1.3.3			
1.3.4			
1.3.5			

1 2 3 4 5

1.4 Der Stand der Lernentwicklung der Schüler wird regelmäßig überprüft.

	J	N	NA
1.4.1			
1.4.2			
1.4.3			
1.4.4			
1.4.5			

1 2 3 4 5

1.5 Die Schüler können individuelle Förderung in Anspruch nehmen.

	J	N	NA
1.5.1			
1.5.2			
1.5.3			
1.5.4			
1.5.5			

1 2 3 4 5

Heimlich/Wilfert/Ostertag/Gebhardt: QU!S- Auswertungsbogen

Ebene 2: Inklusiver Unterricht

2.1 Inklusiver Unterricht berücksichtigt die individuellen Zugänge der Schüler zu den Lerninhalten.

	J	N	NA
2.1.1			
2.1.2			
2.1.3			
2.1.4			
2.1.5			

1 2 3 4 5

2.2 Der Unterricht trägt den unterschiedlichen Lern- und Leistungsvoraussetzungen der Schüler angemessen Rechnung.

	J	N	NA
2.2.1			
2.2.2			
2.2.3			
2.2.4			
2.2.5			

1 2 3 4 5

2.3 Der Unterricht ist für die Schüler klar, verständlich und transparent.

	J	N	NA
2.3.1			
2.3.2			
2.3.3			
2.3.4			
2.3.5			

1 2 3 4 5

2.4 Inklusiver Unterricht bietet den Schülern einen wohlorganisierten Lern- und Entwicklungsraum.

	J	N	NA
2.4.1			
2.4.2			
2.4.3			
2.4.4			
2.4.5			

1 2 3 4 5

2.5 Inklusiver Unterricht bemüht sich um ein lernförderliches Klima.

	J	N	NA
2.5.1			
2.5.2			
2.5.3			
2.5.4			
2.5.5			

1 2 3 4 5

Heimlich/Wilfert/Ostertag/Gebhardt: QU!S- Auswertungsbogen

Ebene 3: Multiprofessionelles Team

3.1 Im Unterricht wird im Team gearbeitet.

	J	N	NA
3.1.1			
3.1.2			
3.1.3			
3.1.4			
3.1.5			

1 2 3 4 5

3.2 Der Unterricht wird gemeinsam geplant und in Absprache durchgeführt.

	J	N	NA
3.2.1			
3.2.2			
3.2.3			
3.2.4			
3.2.5			

1 2 3 4 5

3.3 Die Unterrichts- und Erziehungsarbeit wird gemeinsam reflektiert.

	J	N	NA
3.3.1			
3.3.2			
3.3.3			
3.3.4			
3.3.5			

1 2 3 4 5

3.4 Die pädagogische Arbeit wird so organisiert, dass diese möglichst zeitnah und effektiv zu bewältigen ist.

	J	N	NA
3.4.1			
3.4.2			
3.4.3			
3.4.4			
3.4.5			

1 2 3 4 5

3.5 Kooperation findet auch über die Grenzen der Klassen hinaus statt.

	J	N	NA
3.5.1			
3.5.2			
3.5.3			
3.5.4			
3.5.5			

1 2 3 4 5

Heimlich/Wilfert/Ostertag/Gebhardt: QU!S- Auswertungsbogen

▶ **Ebene 4:** Inklusives Schulkonzept und Schulleben

4.1 Die Schulleitung eröffnet Möglichkeiten, über die Chancen einer inklusiven Schule zu reflektieren.

	J	N	NA
4.1.1			
4.1.2			
4.1.3			
4.1.4			
4.1.5			

1 2 3 4 5

4.2 Die Schulleitung ist aktiv an der Entwicklung eines inklusiven Schulkonzepts beteiligt.

	J	N	NA
4.2.1			
4.2.2			
4.2.3			
4.2.4			
4.2.5			

1 2 3 4 5

4.3 Die Unterrichts- und Erziehungsarbeit wird gemeinsam reflektiert.

	J	N	NA
4.3.1			
4.3.2			
4.3.3			
4.3.4			
4.3.5			

1 2 3 4 5

4.4 Die Schule hat das Leitbild der Inklusion in ihrem Schulkonzept verankert.

	J	N	NA
4.4.1			
4.4.2			
4.4.3			
4.4.4			
4.4.5			

1 2 3 4 5

4.5 Vom Kollegium wird das Thema Inklusion unterstützt.

	J	N	NA
4.5.1			
4.5.2			
4.5.3			
4.5.4			
4.5.5			

1 2 3 4 5

Heimlich/Wilfert/Ostertag/Gebhardt: QU!S- Auswertungsbogen

Ebene 5: Externe Unterstützungssysteme und Vernetzung mit dem Umfeld

5.1 Die Schule kooperiert mit den am pädagogischen Prozess direkt Beteiligten, damit den Schülern bestmögliche Lernbedingungen eröffnet werden.

	J	N	NA
5.1.1			
5.1.2			
5.1.3			
5.1.4			
5.1.5			

1 2 3 4 5

5.2 Die Schule strebt die Entwicklung eines Netzwerkes an, damit den Schülern bestmögliche Lebens- und Entwicklungsbedingungen in der Gesellschaft eröffnet werden.

	J	N	NA
5.2.1			
5.2.2			
5.2.3			
5.2.4			
5.2.5			

1 2 3 4 5

5.3 Die Zusammenarbeit mit den Eltern wird als Voraussetzung betrachtet, um die inklusive Schule voranzubringen.

	J	N	NA
5.3.1			
5.3.2			
5.3.3			
5.3.4			
5.3.5			

1 2 3 4 5

5.4 Das Umfeld wird in die inklusive Schulentwicklung mit einbezogen.

	J	N	NA
5.4.1			
5.4.2			
5.4.3			
5.4.4			
5.4.5			

1 2 3 4 5

5.5 Die Schule kann auf fachliche Beratung und Begleitung zurückgreifen.

	J	N	NA
5.5.1			
5.5.2			
5.5.3			
5.5.4			
5.5.5			

1 2 3 4 5

Auswertungshilfe zum QU!S-Mosaik

Wenn die Ergebnisse einer inklusiven Schule in das QU!S-Mosaik durch Ankreuzen oder Freilassen der Felder bzw. durch „NA" übertragen worden sind, ergibt sich auf einen Blick das inklusive Profil der jeweiligen Schule. Hier zeigt sich, was schon erreicht worden ist und wo die Stärken der jeweiligen Schule liegen (*angekreuzte Felder*). Es gilt in einem inklusiven Schulentwicklungsprozess sich stets die eigenen Leistungen bewusst zu machen, ganz besonders weil die Gelingensbedingungen der inklusiven Schulentwicklung nicht übersehen werden dürfen.

Ebenso ist es wichtig, mit sachlichen Blick auf die noch offenen Entwicklungsbereiche (*leere Felder*) zu schauen. Hier deutet sich an, wo in der jeweiligen Schule noch Entwicklungspotenzial liegt und Zukunftsaufgaben der inklusiven Schulentwicklung definiert werden können. Diese sollten niemals zugleich angegangen werden. Vielmehr ist es wichtig, sich gemeinsam ein neues Entwicklungsfeld auszusuchen und zu überlegen, wie daran gearbeitet werden könnte. Möglicherweise ist es auch hilfreich, sich dazu Hilfe von außen zu holen in Form von Schulentwicklungsberatung oder auch in Form von Schulhausinternen Fortbildungen (SCHILF). Manchmal reichen auch schon kleine Maßnahmen aus, um einen bestimmten Qualitätsstandard zu erreichen.

Erfahrungsgemäß stehen bei der inklusiven Schulentwicklung zunächst die Ebenen Kinder und Jugendliche mit individuellen Bedürfnissen und der inklusive Unterricht im Vordergrund. Hier benötigen Lehrkräfte tragfähige Unterstützung. Am besten werden diese Aufgaben kooperativ im Lehrerkollegium und im Austausch mit Eltern sowie Schülerinnen und Schülern bearbeitet. Die Teamarbeit ist in Schulen – zumal des Sekundarbereichs – hingegen recht unterschiedlich entwickelt. Gerade die Vertrauensbildung in der Zusammenarbeit benötigt die meiste Entwicklungszeit. Diese sollte sich ein Lehrerkollegium auch nehmen.

Schulen, die bereits ein inklusives Schulkonzept formuliert haben, tun sich in der Regel leichter mit der Ebene der Schule insgesamt. Hier hat die Schulleitung eine ganz außerordentlich hohe Bedeutung. Sie kann bei der Entwicklung des Schullebens und bei der schulinternen Kooperation wichtige Impulse setzen. Ebenso gilt für die externe Kooperation einer inklusiven Schule mit dem Umfeld, dass von der Schulleitung hier entscheidende Anregungen ausgehen können, um die wichtigen Vernetzungsprozesse in Gang zu setzen und Unterstützungssysteme zu aktivieren.

Aber insgesamt ist festzuhalten, dass allein das Nachdenken eines Lehrerkollegiums über den Stand der inklusiven Schulentwicklung bereits zu einem Qualitätsmerkmal dieser Schule zählt. Insofern ist es letztliches Ziel der inklusiven Schulentwicklungsarbeit, dass eine Schule, eine Schulleitung und ein Lehrerkollegium zusammen mit den Eltern, Schülerinnen und Schülern sowie weiteren Partnern sich ständig weiterentwickelt. Die QU!S soll im Endeffekt dazu beitragen, dass eine Schule sich darin erprobt, die eigene inklusive Schulentwicklungsarbeit selbst einzuschätzen.

Arbeit mit dem Leitfaden „Profilbildung inklusive Schule" im Sinne einer Arbeitshilfe für den Einstieg in die inklusive Schulentwicklungsarbeit

Fremdeinschätzung des Entwicklungsstandes der inklusiven Schulentwicklung einer Schule durch externe Schulentwicklungsberatung (*critical friends*) mit Hilfe der QU!S

Weiterarbeit am inklusiven Schulkonzept unter Begleitung von externer Schulentwicklungsberatung und Schulhausinterner Fortbildung

Selbsteinschätzung der inklusiver Schulentwicklungsarbeit einer Schule mit Hilfe der QU!S

Heimlich/Wilfert/Ostertag/Gebhardt: QU!S-Mosaik

Beobachter/Beurteiler: ______________________

Erhebungsdatum: ______________________

☐☐☐☐ Code-Nr.

Qualitätsebenen	Ausprägungsgrade 1 2 3 4 5	Qualitätsstandards
Qualitätsebene 1: Kinder und Jugendliche mit individuellen Bedürfnissen	☐ ☐ ☐ ☐ ☐	1.1 Sonderpädagogische Förderschwerpunkte werden in die individuelle Förderung mit einbezogen.
	☐ ☐ ☐ ☐ ☐	1.2 Die Schüler mit sonderpädagogischem Förderbedarf haben einen Förderdiagnostischen Bericht als Grundlage für die individuelle Förderung.
	☐ ☐ ☐ ☐ ☐	1.3 Die Schüler mit sonderpädagogischem Förderbedarf haben einen Förderplan.
	☐ ☐ ☐ ☐ ☐	1.4 Der Stand der Lernentwicklung der Schüler wird regelmäßig überprüft.
	☐ ☐ ☐ ☐ ☐	1.5 Die Schüler können individuelle Förderung in Anspruch nehmen.
Qualitätsebene 2: Inklusiver Unterricht	☐ ☐ ☐ ☐ ☐	2.1 Inklusiver Unterricht berücksichtigt die individuellen Zugänge der Schüler zu den Lerninhalten.
	☐ ☐ ☐ ☐ ☐	2.2 Der Unterricht trägt den unterschiedlichen Lern- und Leistungsvoraussetzungen der Schüler angemessen Rechnung.
	☐ ☐ ☐ ☐ ☐	2.3 Der Unterricht ist für die Schüler klar, verständlich und transparent.
	☐ ☐ ☐ ☐ ☐	2.4 Inklusiver Unterricht bietet den Schülern einen wohlorganisierten Lern- und Entwicklungsraum.
	☐ ☐ ☐ ☐ ☐	2.5 Inklusiver Unterricht bemüht sich um ein lernförderliches Klima.
Qualitätsebene 3: Interdisziplinäre Teamkooperation	☐ ☐ ☐ ☐ ☐	3.1 Im Unterricht wird im Team gearbeitet.
	☐ ☐ ☐ ☐ ☐	3.2 Der Unterricht wird gemeinsam geplant und in Absprache durchgeführt.
	☐ ☐ ☐ ☐ ☐	3.3 Die Unterrichts- und Erziehungsarbeit wird gemeinsam reflektiert.
	☐ ☐ ☐ ☐ ☐	3.4. Die pädagogische Arbeit wird so organisiert, dass diese möglichst zeitnah und effektiv zu bewältigen ist.
	☐ ☐ ☐ ☐ ☐	3.5 Kooperation findet auch über die Grenzen der Klasse hinaus statt.
Qualitätsebene 4: Schulkonzept und Schulleben	☐ ☐ ☐ ☐ ☐	4.1 Die Schulleitung eröffnet Möglichkeiten, über die Chancen einer inklusiven Schule zu reflektieren.
	☐ ☐ ☐ ☐ ☐	4.2 Die Schulleitung ist aktiv an der Entwicklung eines inklusiven Schulkonzepts beteiligt.
	☐ ☐ ☐ ☐ ☐	4.3 Im Schulleben ist es selbstverständlich, dass die Schüler an den unterrichtlichen und außerunterrichtlichen Aktivitäten teilnehmen können.
	☐ ☐ ☐ ☐ ☐	4.4 Die Schule hat das Leitbild der Inklusion in ihrem Schulkonzept verankert.
	☐ ☐ ☐ ☐ ☐	4.5 Vom Kollegium wird das Thema Inklusion unterstützt.
Qualitätsebene 5: Vernetzung mit dem Umfeld	☐ ☐ ☐ ☐ ☐	5.1 Die Schule kooperiert mit den am pädagogischen Prozess direkt Beteiligten, damit den Schülern bestmögliche Lernbedingungen eröffnet werden.
	☐ ☐ ☐ ☐ ☐	5.2 Die Schule strebt die Entwicklung eines Netzwerkes an, damit den Schülern bestmögliche Lebens- und Entwicklungsbedingungen in der Gesellschaft eröffnet werden.
	☐ ☐ ☐ ☐ ☐	5.3 Die Zusammenarbeit mit den Eltern wird als Voraussetzung betrachtet, um die inklusive Schule voranzubringen.
	☐ ☐ ☐ ☐ ☐	5.4 Das Umfeld wird in die inklusive Schulentwicklung mit einbezogen.
	☐ ☐ ☐ ☐ ☐	5.5 Die Schule kann auf fachliche Beratung und Begleitung zurückgreifen.

Konkordanz (Interbeurteilerübereinstimmung): ______ %

X = ja   ☐ = nein   NA = nicht anwendbar

10 Literaturverzeichnis

Atteslander, Peter: Methoden der empirischen Sozialforschung. Berlin: Erich Schmidt, 13. Auflage 2010

Booth, Tony/Ainscow, Mel: Index für Inklusion. Ein Leitfaden für Schulentwicklung. Weinheim u. Basel: Beltz, 2017

Bortz, Jürgen/Döring, Nicola: Forschungsmethoden und Evaluation für Human- und Sozialwissenschaftler. Heidelberg: Springer, 4. Auflage 2006

Bortz, Jürgen/Lienert, Gustav A.: Kurzgefasste Statistik für die Klinische Forschung. Leitfaden für die verteilungsfreie Analyse kleiner Stichproben. Heidelberg: Springer, 3. Auflage 2008

Bronfenbrenner, Urie: Die Ökologie der menschlichen Entwicklung. Natürliche und geplante Experimente. Frankfurt a. M.: Fischer, 1989

Bühner, Markus: Einführung in die Test- und Fragebogenkonstruktion. München: Pearson Education, 3. Auflage 2010

Dewey, John: Demokratie und Erziehung. Eine Einleitung in die philosophische Pädagogik. Weinheim u. Basel: Beltz 1993 (Erstausgabe: 1916)

Fend, Helmut: Qualität im Bildungswesen. Schulforschung zu Systembedingungen, Schulprofilen und Lehrerleistung. Weinheim, München: Juventa, 1998

Fischer, Erhard/Heimlich, Ulrich/Kahlert, Joachim/Lelgemann, Reinhard: Profilbildung inklusive Schule – ein Leitfaden für die Praxis. München: Bayerisches Staatsministerium für Unterricht und Kultus, 2. Auflage 2013 (Bezugsadresse: www.km.bayern.de)

Harms, Thelma/Clifford, Richard M./Cryer, Debby: Early Childhood Environment Rating Scale. Revisited Edition. New York: Teachers College Press, 1998

Heimlich, Ulrich: Integrative Pädagogik. Eine Einführung. Stuttgart: Kohlhammer, 2003

Heimlich, Ulrich: Pädagogik bei Lernschwierigkeiten. Sonderpädagogische Förderung im Förderschwerpunkt Lernen. Bad Heilbrunn: Klinkhardt, 2. Auflage 2016

Heimlich, Ulrich/Jacobs, Sven (Hrsg.): Integrative Schulentwicklung. Das Beispiel der IGS Halle/S. Bad Heilbrunn: Klinkhardt, 2001

Heimlich, Ulrich/Kahlert, Joachim (Hrsg.): Inklusion in Schule und Unterricht. Wege zur Bildung für alle. Stuttgart: Kohlhammer, 2012

Heimlich, Ulrich/Kahlert, Joachim/Lelgemann, Reinhard/Fischer, Erhard (Hrsg.): Inklusives Schulsystem. Analysen, Befunden, Empfehlungen zum bayerischen Weg. Bad Heilbrunn: Klinkhardt, 2016

Heimlich, Ulrich/Ostertag, Christina/Wilfert de Icaza, Kathrin: Qualität inklusiver Schulentwicklung. In: Heimlich, Ulrich/Kahlert, Joachim/Lelgemann, Reinhard/Fischer, Erhard (Hrsg.): Inklusives Schulsystem, a. a. O., S. 87-106

Lienhard-Tuggener, Peter/Joller-Graf, Klaus/Mettauer-Szaday, Belinda: Rezeptbuch schulische Integration. Auf dem Weg zur inklusiven Schule. Bern, Stuttgart, Wien: Haupt, 2011

Mittendrin e. V. (Hrsg.): Eine Schule für alle – Inklusion umsetzen in der Sekundarstufe. Mülheim an der Ruhr: Verlag an der Ruhr, 2. Auflage 2014

Prengel, Annedore: Pädagogik der Vielfalt. Verschiedenheit, Gleichberechtigung in Interkultureller, Feministischer und Integrativer Pädagogik. Opladen: Leske+Budrich, 2. Auflage 1995

Preuss-Lausitz, Ulf: Integrationsforschung. Ansätze, Ergebnisse und Perspektiven. In: Eberwein, Hans/Knauer, Sabine (Hrsg.): Hb. Integrationspädagogik. Weinheim u. Basel: Beltz, 7. Auflage 2009, S. 458-470

Reinders, Heinz/Ditton, Hartmut/Gräsel, Cornelia/Gniewosz, Burkhard (Hrsg.): Empirische Bildungsforschung. Strukturen und Methoden. Wiesbaden: VS Verlag für Sozialwissenschaften, 2011

Sander, Alfred: Ökosystemische Ebenen integrativer Schulentwicklung – eine organisatorisches Innovationsmodell. In: Heimlich, Ulrich (Hrsg.): Sonderpädagogische Fördersysteme – auf dem Weg zur Integration. Stuttgart, Berlin, Köln: Kohlhammer, 1999, S. 33-44

Schwab, Susanne/Gebhardt, Markus/Ederer-Fick, Elfriede N./Gasteiger-Klicpera, Barbara (Hrsg.): Theorien, Konzepte und Anwendungsfelder der inklusiven Pädagogik. Wien: Fakultas, 2013

Speck, Otto: Die Ökonomisierung sozialer Qualität. Zur Qualitätsdiskussion in Behindertenhilfe und sozialer Arbeit. München, Basel: Reinhardt, 1999

Speck, Otto: System Heilpädagogik. Eine ökologisch-reflexive Grundlegung. München, Basel: Reinhardt, 6. Auflage 2008

Tietze, Wolfgang/Schuster, Käthe-Maria/Grenner, Katja/Roßbach, Hans-Günther: Kindergarten-Skala. Revidierte Fassung (KES-R). Neuwied: Luchterhand, 2001

Tietze, Wolfgang/Bolz, Melanie/Grenner, Katja/Schlecht, Daena/Wellner, Beate: Krippen-Skala (KRIPS-R). Feststellung und Unterstützung pädagogischer Qualität in Krippen. Weinheim u. Basel: Beltz, 2005

Wiater, Werner: Theorie der Schule. Prüfungswissen – Basiswissen Schulpädagogik. Donauwörth: Auer, 5. Auflage 2012

Wilhelm, Marianne/Eggertsdóttir, Rósa/Marinósson, Gretar L. (Hrsg.): Inklusive Schulentwicklung. Planungs- und Arbeitshilfen zur neuen Schulkultur. Weinheim u. Basel: Beltz 2006

Wocken, Hans: Das Haus der inklusiven Schule. Baustellen, Baupläne, Bausteine. Hamburg: Feldhaus, 3. Auflage 2012

klinkhardt forschung

Mit dem Inkrafttreten der UN-Behindertenrechtskonvention im Jahre 2009 hat sich Deutschland entschieden, ein inklusives Schulsystem auf allen Ebenen aufzubauen. Doch wie soll diese Reformaufgabe bewältigt werden? Praktische Erfahrungen haben gezeigt, dass dazu ein Prozess der Schulentwicklung erforderlich ist. Im Sinne eines Mehrebenenmodells der inklusiven Schulentwicklung sind Veränderungen auf mehreren Ebenen erforderlich:

- „Kinder und Jugendliche mit individuellen Bedürfnissen“,
- „Inklusiver Unterricht“,
- „Multiprofessionelle Teamkooperation“,
- „Inklusives Schulkonzept und Schulleben“ sowie
- „Externe Unterstützungssysteme und Vernetzung mit dem Umfeld“.

Die „Qualitätsskala zur inklusiven Schulentwicklung (QU!S)“ liefert dazu eine Arbeitshilfe für die Praxis in inklusiven Schulen. Sie ist im Rahmen des „Begleitforschungsprojektes inklusive Schulentwicklung (B!S)“ entstanden. Die Erfahrungen in der Schulpraxis haben unter Beweis gestellt, dass inklusive Schulen eine gute pädagogische Qualität entwickeln.
Die QU!S soll sowohl der Fremdeinschätzung von inklusiven Schulen in Bezug auf den jeweiligen Stand der inklusiven Schulentwicklung durch externe Schulentwicklungsberatungen als auch zur Selbsteinschätzung des inklusiven Schulentwicklungsprozesses durch Lehrerkollegien in inklusiven Schulen dienen. Die Arbeitsmappe enthält dazu ein ausführliches Manual zur Handhabung der QU!S sowie 25 Arbeitskarten mit den Qualitätsstandards und Ausprägungsgraden zu den fünf Schulentwicklungsebenen als Arbeitsmaterial. Zur QU!S wird für externe Schulentwicklungsberatungen ein QU!S-Training an der Ludwig-Maximilians-Universität München (LMU) als Einführung in die Arbeit mit der QU!S angeboten (Kontakt: Ulrich.Heimlich@lmu.de).

Prof. Dr. Ulrich Heimlich, Lehrstuhl Lernbehindertenpädagogik an der Ludwig-Maximilians-Universität München

Dr. Kathrin Wilfert, Akademische Oberrätin am Lehrstuhl Lernbehindertenpädagogik der Ludwig-Maximilians-Universität München

Dr. Christina Ostertag, Studienrätin im Förderschuldienst

Prof. Dr. Markus Gebhardt, Lehrstuhl für Entwicklung und Erforschung inklusiver Bildungsprozesse an der Technischen Universität Dortmund

978-3-7815-2212-1

9 783781 522121

Qualitätsstandards und Ausprägungsgrade in der QU!S®

Ulrich Heimlich
Kathrin Wilfert
Christina Ostertag
Markus Gebhardt

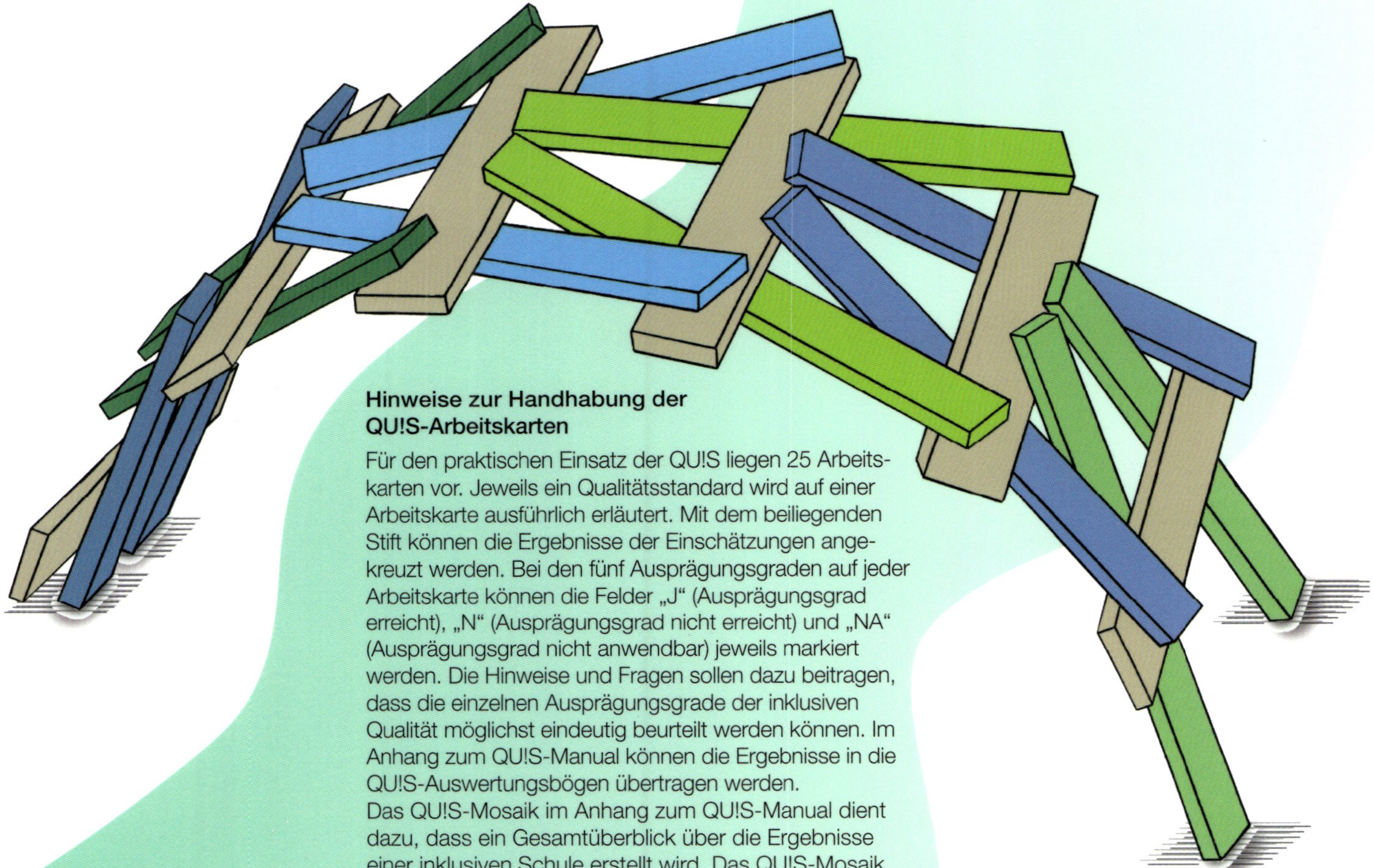

Hinweise zur Handhabung der QU!S-Arbeitskarten

Für den praktischen Einsatz der QU!S liegen 25 Arbeitskarten vor. Jeweils ein Qualitätsstandard wird auf einer Arbeitskarte ausführlich erläutert. Mit dem beiliegenden Stift können die Ergebnisse der Einschätzungen angekreuzt werden. Bei den fünf Ausprägungsgraden auf jeder Arbeitskarte können die Felder „J" (Ausprägungsgrad erreicht), „N" (Ausprägungsgrad nicht erreicht) und „NA" (Ausprägungsgrad nicht anwendbar) jeweils markiert werden. Die Hinweise und Fragen sollen dazu beitragen, dass die einzelnen Ausprägungsgrade der inklusiven Qualität möglichst eindeutig beurteilt werden können. Im Anhang zum QU!S-Manual können die Ergebnisse in die QU!S-Auswertungsbögen übertragen werden.

Das QU!S-Mosaik im Anhang zum QU!S-Manual dient dazu, dass ein Gesamtüberblick über die Ergebnisse einer inklusiven Schule erstellt wird. Das QU!S-Mosaik eignet sich auch für Gespräche im Kollegium über die weiteren Schritte der inklusiven Schulentwicklung.

Dieses Arbeitskartenset ist Teil der Publikation mit der ISBN 978-3-7815-2212-1

forschung klinkhardt

Qualitätsstandards und Ausprägungsgrade in der QU!S

1 Qualitätsebene 1: Kinder und Jugendliche mit individuellen Bedürfnissen

1.1 Sonderpädagogische Förderschwerpunkte werden in die individuelle Förderung mit einbezogen.

1	2	3	4	5	Bemerkungen
1.1.1 Es gibt ausreichende räumliche Möglichkeiten zur sonderpädagogischen Förderung.	1.1.2 Die sonderpädagogischen Förderschwerpunkte werden in den inklusiven Unterricht im Klassenzimmer mit einbezogen.	1.1.3 Fördermaterialien zur sonderpädagogischen Förderung sind im Klassenzimmer verfügbar.	1.1.4 Die sonderpädagogische Förderung findet überwiegend im Klassenraum statt.	1.1.5 Die Schüler mit sonderpädagogischem Förderbedarf erhalten in den entsprechenden Förderschwerpunkten Angebote zur sonderpädagogischen Förderung, die überwiegend im Klassenraum stattfinden.	
J N NA	J N NA	J N NA	J N NA	J N NA	

Ergänzende Hinweise:

(1.1.1) Ausreichende räumliche Möglichkeiten zur sonderpädagogischen Förderung* liegen z.B. dann vor, wenn Gruppentische zur Differenzierung gebildet werden können.

(1.1.2) Die sonderpädagogischen Förderschwerpunkte sind bezogen auf eine konkrete Klasse und beziehen sich auf die anwesenden Kinder mit sonderpädagogischem Förderbedarf. Einbezogen bedeutet hier, dass das Unterrichtsangebot auch die Förderbedürfnisse von Schülern mit sonderpädagogischem Förderbedarf innerhalb des Klassenzimmers berücksichtigt (z.B. durch individuelle Wochenpläne).

(1.1.3) Die Verfügbarkeit von sonderpädagogischen Fördermaterialien* ist z.B. in Form von offen zugänglichen Regalen gewährleistet.

(1.1.4) Überwiegend bedeutet hier: mehr als 50%.

(1.1.5) Angebote der sonderpädagogischen Förderung beziehen sich auf den jeweiligen Lern- und Entwicklungsstand des Kindes und enthalten spezifische Angebote zur Förderung in der „Zone der nächsten Entwicklung (ZNE)“. Die Angebote finden überwiegend im Klassenraum bzw. im Fachraum statt.

Qualitätsstandards und Ausprägungsgrade in der QU!S

1 Qualitätsebene 1: Kinder und Jugendliche mit individuellen Bedürfnissen

1.2 Die Schüler mit sonderpädagogischem Förderbedarf haben einen Förderdiagnostischen Bericht als Grundlage für die individuelle Förderung.

1	2	3	4	5	Bemerkungen
1.2.1 Der Förderdiagnostische Bericht für Kinder und Jugendliche mit sonderpädagogischem Förderbedarf steht allen unmittelbar Beteiligten zur Verfügung.	1.2.2 Der Förderdiagnostische Bericht enthält Angaben zum individuellen Lern- und Entwicklungsstand der Kinder und Jugendlichen mit sonderpädagogischem Förderbedarf.	1.2.3 Der Förderdiagnostische Bericht enthält Angaben zu den sonderpädagogischen Fördermaßnahmen.	1.2.4 Der Förderdiagnostische Bericht orientiert sich an den Kompetenzen von Kindern und Jugendlichen mit sonderpädagogischem Förderbedarf.	1.2.5 Der Förderdiagnostische Bericht wird entsprechend der Fortschritte in der sonderpädagogischen Förderung fortgeschrieben.	
J N NA	J N NA	J N NA	J N NA	J N NA	

Ergänzende Hinweise:

(1.2.1) In Bayern wird seit 2012 ein Förderdiagnostischer Bericht* für Schüler mit sonderpädagogischem Förderbedarf an der allgemeinen Schule erstellt. Gemeint ist eine Ergebnisdarstellung zur förderdiagnostischen Erfassung der Lern- und Entwicklungsbedürfnisse eines Kindes im Sinne des individuellen Lernstandes. Das gilt auch für das sonderpädagogische Gutachten. Diese Informationen sollten in Schriftform (z.B. in der Schülerakte) zur Einsicht allen unmittelbar Beteiligten offen stehen. Dabei ist die Bedeutung des Datenschutzes berücksichtigt.

(1.2.4) Kompetenzen beziehen sich auf die individuellen Fähigkeiten, Bedürfnisse und Interessen eines Kindes und orientieren sich am Lehrplan.

Fragen:

(1.2.1) Steht der Förderdiagnostische Bericht für Kinder und Jugendliche mit sonderpädagogischem Förderbedarf allen unmittelbar Beteiligten zur Verfügung?

(1.2.2) Enthält der Förderdiagnostische Bericht Angaben zum individuellen Lern- und Entwicklungsstand der Kinder und Jugendlichen mit sonderpädagogischem Förderbedarf?
Wenn ja, können Sie mir ein Beispiel zeigen?

(1.2.3) Enthält der Förderdiagnostische Bericht Angaben zu den sonderpädagogischen Fördermaßnahmen?
Wenn ja, können Sie mir ein Beispiel zeigen?

(1.2.4) Orientiert sich der Förderdiagnostische Bericht an den Kompetenzen von Kindern und Jugendlichen mit sonderpädagogischem Förderbedarf?
Wenn ja, können Sie mir ein Beispiel zeigen?

(1.2.5) Wird der Förderdiagnostische Bericht entsprechend der Fortschritte in der sonderpädagogischen Förderung fortgeschrieben?
Wenn ja, können Sie mir ein Beispiel zeigen?

Qualitätsstandards und Ausprägungsgrade in der QU!S

1 Qualitätsebene 1: Kinder und Jugendliche mit individuellen Bedürfnissen

1.3 Die Schüler mit sonderpädagogischem Förderbedarf haben einen Förderplan.

1	2	3	4	5	Bemerkungen
1.3.1 Der Förderplan für Kinder und Jugendliche mit sonderpädagogischem Förderbedarf steht allen unmittelbar Beteiligten zur Verfügung.	1.3.2 Der Förderplan enthält eine begründete Auswahl an Maßnahmen zur sonderpädagogischen Förderung.	1.3.3 Im Förderplan ist eine Zeitplanung für die sonderpädagogische Förderung enthalten.	1.3.4 Der Förderplan enthält Hinweise auf eine mögliche Überprüfung der Erfolge der sonderpädagogischen Förderung.	1.3.5 Der Förderplan wird entsprechend der Fortschritte in der sonderpädagogischen Förderung fortgeschrieben.	
J N NA	J N NA	J N NA	J N NA	J N NA	

Ergänzende Hinweise:

(1.3.1) Der Förderplan* enthält Angaben zu den sonderpädagogischen Fördermaßnahmen und den ausgewählten Fördermaterialien* sowie Hinweise auf den geplanten Verlauf der Förderung und die geplante Form der Überprüfung der Fördereffekte (Evaluation).
(1.3.2) Die Fördermaßnahmen sollen nicht nur beschrieben, sondern eingehend begründet werden.
(1.3.3) Zeitplanung meint hier: über mehrere Wochen.
(1.3.4) Die Erfolge der Überprüfung von sonderpädagogischen Fördermaßnahmen können im Dialog mit allen Beteiligten (z.B. den Kindern) aber auch durch den erneuten Einsatz von standardisierten Methoden der Förderdiagnostik* (z.B. Schulleistungstests) geschehen.

Fragen:

(1.3.1) Steht der Förderplan für Kinder und Jugendliche mit sonderpädagogischem Förderbedarf allen unmittelbar Beteiligten zur Verfügung?
(1.3.2) Enthält der Förderplan eine begründete Auswahl an Maßnahmen zur sonderpädagogischen Förderung?
(1.3.3) Ist im Förderplan eine Zeitplanung für die sonderpädagogische Förderung über mehrere Schulwochen enthalten? *Wenn ja*, können Sie mir dies zeigen?
(1.3.4) Enthält der Förderplan Hinweise auf eine mögliche Überprüfung der Erfolge der sonderpädagogischen Förderung? *Wenn ja*, können Sie mir dies zeigen?
(1.3.5) Wird der Förderplan entsprechend der Fortschritte in der sonderpädagogischen Förderung fortgeschrieben? *Wenn ja*, können Sie mir dies zeigen?

Diese Karte ist Teil der Publikation mit der ISBN 978-3-7815-2212-1

Qualitätsstandards und Ausprägungsgrade in der QU!S

1 Qualitätsebene 1: Kinder und Jugendliche mit individuellen Bedürfnissen

1.4 Der Stand der Lernentwicklung der Schüler wird regelmäßig überprüft.

1	2	3	4	5	Bemerkungen
1.4.1 Informationen zur Lernentwicklung liegen in schriftlicher Form vor.	1.4.2 Die Eltern haben die Möglichkeit regelmäßig Informationen zur Lernentwicklung ihrer Kinder zu bekommen.	1.4.3 Die sonderpädagogischen Lehrkräfte unterstützen den Einsatz von förderdiagnostischen Methoden für die Überprüfung der Lernentwicklung.	1.4.4 In der Schule stehen förderdiagnostische Materialien zur Verfügung, um die Lernentwicklung festzustellen.	1.4.5 Die Lehrkräfte der allgemeinen Schule besuchen Fortbildungen in Bezug auf den Einsatz förderdiagnostischer Methoden für die Feststellung der Lernentwicklung.	
J N NA	J N NA	J N NA	J N NA	J N NA	

Ergänzende Hinweise:

(1.4.1) Die Informationen sollten in schriftlicher Form vorliegen (z.B. in der Schülerakte in Form des Zeugnisses).
(1.4.2) Die Eltern haben die Gelegenheit sich regelmäßig (hier: zweimal pro Halbjahr) über die Lernentwicklung ihrer Kinder zu informieren (z.B. in Form von Sprechstunden bzw. Sprechtagen).
(1.4.3) Da sonderpädagogische Lehrkräfte in der Regel über eine entsprechende Ausbildung verfügen, wird der Einsatz von Förderdiagnostik* (z.B. Tests) meist von ihnen übernommen.
(1.4.4) Solche förderdiagnostischen Materialien sind z.B. die gängigen Schulleistungstests in den Bereichen Lesen, Schreiben und Rechnen. Diese können auch von außen mitgebracht werden (z.B. durch den Mobilen Sonderpädagogischen Dienst, MSD*).
(1.4.5) Im Sinne eines Kompetenztransfers sollten zukünftig alle Lehrkräfte die Gelegenheit haben entsprechende förderdiagnostische Qualifikationen zu erwerben. Damit ist allerdings nicht gemeint, dass alle Lehrkräfte auch Förderdiagnostik praktizieren.

Fragen:

(1.4.1) Stehen die Informationen zur Lernentwicklung allen unmittelbar Beteiligten zur Verfügung?
(1.4.2) Erhalten die Eltern regelmäßig Informationen zur Lernentwicklung ihrer Kinder? *Wenn ja*, in welchem Rahmen?
(1.4.3) Unterstützen die sonderpädagogischen Lehrkräfte den Einsatz von förderdiagnostischen Methoden für die Überprüfung der Lernentwicklung?
(1.4.4) Stehen in der Schule förderdiagnostische Materialien zur Verfügung oder werden diese von außen mitgebracht, um die Lernentwicklung festzustellen?
(1.4.5) Besuchen die Lehrkräfte Fortbildungen in Bezug auf den Einsatz förderdiagnostischer Methoden für die Feststellung der Lernausgangslage? *Wenn ja*, können Sie Fortbildungsmöglichkeiten nennen?

Diese Karte ist Teil der Publikation mit der ISBN 978-3-7815-2212-1

Qualitätsstandards und Ausprägungsgrade in der QU!S

1 Qualitätsebene 1: Kinder und Jugendliche mit individuellen Bedürfnissen

1.5 Die Schüler können individuelle Förderung in Anspruch nehmen.

1	2	3	4	5	Bemerkungen
1.5.1 Im Förderunterricht erhalten die Schüler die Gelegenheit Angebote zur individuellen Förderung in Anspruch zu nehmen.	1.5.2 Die räumlichen Voraussetzungen für die individuelle Förderung der Schüler stehen zur Verfügung.	1.5.3 Auch im Klassenunterricht werden Angebote zur individuellen Förderung gemacht.	1.5.4 Die Materialien zur individuellen Förderung stehen den Schülern zur Verfügung.	1.5.5 Die Schüler haben stets die Möglichkeit auf individuelle Förderangebote zurückzugreifen.	
J N NA	J N NA	J N NA	J N NA	J N NA	

Ergänzende Hinweise:

(1.5.1) Mit Förderunterricht* sind die in der Stundentafel der jeweiligen Schulform ausgewiesenen Stunden für die individuelle Förderung gemeint (z.B. auch Intensivierungsstunden).
(1.5.2) Ausreichende räumliche Möglichkeiten zur individuellen Förderung* liegen dann vor, wenn z.B. im Klassenraum Gruppentische zur Differenzierung gebildet werden können.
(1.5.3) Individuelle Förderung im Klassenunterricht bedeutet z.B., dass die Schüler im Rahmen der Freien Arbeit an individuellen Förderangeboten arbeiten.
(1.5.4) Die Schüler sollten jederzeit Zugang zu den Materialien zur individuellen Förderung haben (z.B. durch offene Regale).

Fragen:

(1.5.1) Erhalten die Schüler im Förderunterricht die Gelegenheit Angebote zur individuellen Förderung in Anspruch zu nehmen?
(1.5.2) Stehen den Schülern die räumlichen Voraussetzungen für die individuelle Förderung zur Verfügung?
(1.5.3) Werden auch im Klassenunterricht Angebote zur individuellen Förderung gemacht?
(1.5.4) Stehen den Kindern und Jugendlichen die Materialien zur individuellen Förderung zur Verfügung?
(1.5.5) Haben die Schüler stets die Möglichkeit auf individuelle Förderangebote zurückzugreifen?

Diese Karte ist Teil der Publikation mit der ISBN 978-3-7815-2212-1

Qualitätsstandards und Ausprägungsgrade in der QU!S

2 Qualitätsebene 2: Inklusiver Unterricht

2.1 Inklusiver Unterricht berücksichtigt die individuellen Zugänge der Schüler zu den Lerninhalten.

1	2	3	4	5	Bemerkungen
2.1.1 Die Lehrkraft sorgt dafür, dass sich die Schüler am Unterrichtsgeschehen beteiligen können.	2.1.2 Die Lehrkraft fragt nach den Erfahrungen bzw. dem Vorwissen der Schüler.	2.1.3 Die Lehrkraft begleitet alle Schüler beim Lernprozess.	2.1.4 Die Lehrkraft ermöglicht durch entsprechende Aufgabenstellung den Schülern unterschiedliche Lösungswege einzuschlagen.	2.1.5 Die Lehrkraft stellt den Schülern frei, sich für einen methodischen Zugangsweg zu entscheiden.	
J / N / NA	J / N / NA	J / N / NA	J / N / NA	J / N / NA	

Ergänzende Hinweise:

(2.1.2) Die Lehrkraft fragt explizit nach und plant für diesen Prozess ausreichend Zeit ein.
(2.1.3) Die Lehrkraft kann sich bei Bedarf allen Schülern zuwenden, um sie während des Unterrichts zu unterstützen.
(2.1.4) Die Schüler können mindestens zwischen zwei Lösungsmöglichkeiten (inhaltlich) auswählen, z.B. unterschiedliche Lösungswege im Mathematikunterricht.
(2.1.5) Mindestens zwei unterschiedliche Methoden (z.B. zwei Aufgabenstellungen, zwei Sozialformen*) müssen den Schülern zur Auswahl angeboten werden.

Diese Karte ist Teil der Publikation mit der ISBN 978-3-7815-2212-1

Qualitätsstandards und Ausprägungsgrade in der QU!S

2 Qualitätsebene 2: Inklusiver Unterricht

2.2 Der Unterricht trägt den unterschiedlichen Lern- und Leistungsvoraussetzungen der Schüler angemessen Rechnung.

1	2	3	4	5	Bemerkungen
2.2.1 Der Unterricht lässt verschiedene Lerntempi zu.	2.2.2 Der Unterricht ermöglicht den Schülern, kooperativ zusammenzuarbeiten.	2.2.3 Der Unterricht wird inhaltlich differenziert.	2.2.4 Der Unterricht wird methodisch differenziert.	2.2.5 Der Unterricht trägt dazu bei, dass die Schüler einen Lernfortschritt feststellen.	
J / N / NA	J / N / NA	J / N / NA	J / N / NA	J / N / NA	

Ergänzende Hinweise:

(2.2.1) Zum Beispiel wird Schülern mit sonderpädagogischem Förderbedarf mehr Zeit zur Verfügung gestellt.
(2.2.2) Dazu zählen z.B. Partnerarbeit und Gruppenarbeit.
(2.2.3) Die inhaltliche Differenzierung kann qualitativ und/oder quantitativ vorgenommen werden. Das heißt, die Schüler mit sonderpädagogischem Förderbedarf haben die Möglichkeit sich nur mit einem Teil des Unterrichtsinhaltes auseinanderzusetzen und/oder können komplexere Fragestellungen unbeantwortet lassen.
(2.2.4) Mindestens zwei verschiedene Methoden (z.B. Aufgabenstellung, Sozialform) müssen beobachtbar sein.
(2.2.5) Die Lehrkraft setzt eine Methode ein, die es den Schülern ermöglicht, ihren Lernzuwachs festzustellen (z.B. Abschlusskreis, Schülerkontrolle).

Qualitätsstandards und Ausprägungsgrade in der QU!S

2 Qualitätsebene 2: Inklusiver Unterricht

2.3 Der Unterricht ist für die Schüler klar, verständlich und transparent.

1	2	3	4	5	Bemerkungen
2.3.1 Die Handlungsanweisungen der Lehrkraft sind für die Schüler verständlich.	2.3.2 Die Schüler können bei der Lehrkraft nachfragen, um Anforderungen zu verstehen.	2.3.3 Die Lehrkraft verwendet im Unterricht Strukturierungshilfen an denen sich die Schüler orientieren können.	2.3.4 Die Kompetenzen, die von der Lehrkraft im Unterricht angestrebt werden, sind für die Schüler jederzeit nachvollziehbar.	2.3.5 Die Lehrkraft gibt klare Zeitvorgaben.	
J N NA	J N NA	J N NA	J N NA	J N NA	

Ergänzende Hinweise:

(2.3.1) Alle Meldungen werden von der Lehrkraft berücksichtigt, wobei ausreichend Zeit für Nachfragen miteingeplant wird.
(2.3.3) Im Klassenzimmer sind z.B. das Unterrichtsthema und der Stundenablauf für die Schüler zur Orientierung aufgeschrieben.
(2.3.4) Nachvollziehbarkeit bedeutet z.B. durch schriftliche Fixierung im Klassenraum oder anhand verbaler Benennung (z.B. das Stundenziel oder das Ziel der Woche).
(2.3.5) Es besteht für die Schüler die Möglichkeit im Klassenzimmer die Zeitvorgaben der Lehrkraft zu kontrollieren und sich daran zu orientieren (z.B. durch Timer, Sanduhren).

Qualitätsstandards und Ausprägungsgrade in der QU!S

2 Qualitätsebene 2: Inklusiver Unterricht

2.4 Inklusiver Unterricht bietet den Schülern einen wohlorganisierten Lern- und Entwicklungsraum.

1	2	3	4	5	Bemerkungen
2.4.1 Die Lehrkraft nutzt die Unterrichtszeit effektiv.	2.4.2 Die Lehrkraft hat den Überblick über die Schüleraktivitäten.	2.4.3 Die Lehrkraft gibt den Schülern die Möglichkeit zum selbstständigen Arbeiten.	2.4.4 Die Lehrkraft bietet den Schülern die Möglichkeit ihre Ergebnisse im Unterricht zu präsentieren.	2.4.5 Differenzierte Lern- und Arbeitsmaterialien werden von der Lehrkraft übersichtlich bereitgestellt.	
J N NA	J N NA	J N NA	J N NA	J N NA	

Ergänzende Hinweise:

(2.4.1) Der Unterricht wird nur durch notwendige organisatorische Hinweise (z.B. Klärung des Ablaufs, Gruppenaufteilung etc.) unterbrochen.
(2.4.2) Die Lehrkraft hat die Schüler im Blick und kann bei Bedarf einschreiten.
(2.4.4) Während des Unterrichtsverlaufes findet eine Präsentation - entweder kooperativ, im Plenum oder individuell im Lehrer-Schüler-Gespräch - statt.
(2.4.5) Die Lern- und Arbeitsmaterialien sind für die Schüler erreichbar und logisch geordnet (z.B. durch Farbschema, Symbole, Beschriftung).

Diese Karte ist Teil der Publikation mit der ISBN 978-3-7815-2212-1

Qualitätsstandards und Ausprägungsgrade in der QU!S

2 Qualitätsebene 2: Inklusiver Unterricht

2.5 Inklusiver Unterricht bemüht sich um ein lernförderliches Klima.

1	2	3	4	5	Bemerkungen
2.5.1 Verwendete Rituale geben den Schülern Sicherheit.	2.5.2 Der Unterricht baut auf einem klar erkennbaren Regelsystem für einen friedlichen Umgang miteinander auf.	2.5.3 Im Klassenzimmer herrscht eine Atmosphäre, die von gegenseitiger Wertschätzung geprägt ist.	2.5.4 Schüler werden bei der Einhaltung der Klassenregeln mit in die Verantwortung genommen.	2.5.5 Die Schüler haben die Klassenregeln gemeinsam mit der Lehrkraft erstellt.	
J / N / NA	J / N / NA	J / N / NA	J / N / NA	J / N / NA	

Ergänzende Hinweise:

(2.5.1) Mindestens ein Ritual ist beobachtbar (z.B. gemeinsames Lied, Bewegung, Gesprächskreis, Verabschiedung mit Handschlag).
(2.5.2) Die Regeln (z.B. Dienste oder Ämter) sind im Klassenzimmer visualisiert.
(2.5.3) Der Umgangston zwischen den Schülern sowie zwischen der Lehrkraft und den Schülern ist respektvoll. Bei Gesprächen wird von Seiten der Lehrkraft auf Blickkontakt geachtet.
(2.5.4) Die Regeln beinhalten z.B. auch Klassendienste oder Ämter der Schüler.

Fragen:

(2.5.4) Werden die Schüler bei der Einhaltung der Regeln oder Klassendienste mit in die Verantwortung genommen? *Wenn ja*, wie versuchen Sie dies zu erreichen?
(2.5.5) Wurden die Schüler bei der Aufstellung der Klassenregeln beteiligt? *Wenn ja*, wie sind die Regeln aufgestellt worden?

Diese Karte ist Teil der Publikation mit der ISBN 978-3-7815-2212-1

Qualitätsstandards und Ausprägungsgrade in der QU!S

3 Qualitätsebene 3: Interdisziplinäre Teamkooperation

3.1 Im Unterricht wird im Team gearbeitet.

1	2	3	4	5	Bemerkungen
3.1.1 Der Umgang im Team ist wertschätzend.	3.1.2 Die Schüler kennen die Aufgabenbereiche der Teammitglieder.	3.1.3 Änderungen in der Struktur der Aufgabenbereiche werden vom Team gemeinsam getragen.	3.1.4 Die Teammitglieder können sich mit ihren fachlichen Schwerpunkten und persönlichen Stärken einbringen.	3.1.5 Die Lehrkräfte sind – abhängig von ihrem Aufgabenbereich – für den Unterricht und für die Schüler verantwortlich.	
J / N / NA	J / N / NA	J / N / NA	J / N / NA	J / N / NA	

Ergänzende Hinweise:

(3.1.2) Die Schüler wissen, wer ihr Ansprechpartner ist und wer ihnen zur Unterstützung bereitstehen kann.

Fragen:

(3.1.1) Empfinden Sie den Umgang im Team* als wertschätzend?
(3.1.2) Kennen die Schüler die Aufgaben der Teammitglieder*? *Wenn ja*, wie wurden diese den Schülern transparent gemacht?
(3.1.3) Werden Änderungen in der Struktur der Aufgabenbereiche vom Team gemeinsam getragen? *Wenn ja*, wie äußert sich dies?
(3.1.4) Können sich die Teammitglieder mit ihren fachlichen Schwerpunkten und persönlichen Stärken einbringen? *Wenn ja*, wie ist die Aufgabenverteilung?
(3.1.5) Tragen die Lehrkräfte für den Unterricht und für die Schüler gemeinsam die Verantwortung? *Wenn ja*, woran wird das erkennbar?

Diese Karte ist Teil der Publikation mit der ISBN 978-3-7815-2212-1

Qualitätsstandards und Ausprägungsgrade in der QU!S

3 Qualitätsebene 3: Interdisziplinäre Teamkooperation

3.2 Der Unterricht wird gemeinsam geplant und in Absprache durchgeführt.

1	2	3	4	5	Bemerkungen
3.2.1 Die Lehrkräfte bewerten es als vorteilhaft, die Schüler gemeinsam zu unterrichten.	3.2.2 Jedem im Unterricht anwesenden Teammitglied ist ein Aufgabenbereich zugewiesen.	3.2.3 Die Teammitglieder tauschen sich regelmäßig über die Planung des Unterrichts aus.	3.2.4 Es steht Zeit zur Verfügung, um die Unterrichtsplanung gemeinsam mit allen Teammitgliedern abzusprechen.	3.2.5 Die Absprachen der gemeinsamen Unterrichtsplanung sind für alle Teammitglieder nachlesbar.	
J N NA	J N NA	J N NA	J N NA	J N NA	

Ergänzende Hinweise:

(3.2.2) Die Aufgabenbereiche können auch wechseln.
(3.2.4) Sind feste Besprechungszeiten vorgesehen, z.B. eine Stunde im Stundenplan pro Woche?
(3.2.5) Die Absprachen beziehen sich auf eine Unterrichtswoche.

Fragen:

(3.2.1) Betrachten Sie es als vorteilhaft, die Schüler gemeinsam zu unterrichten und mindestens zu zweit im Klassenzimmer zu sein? *Wenn ja*, welchen Aspekt erleben Sie als besonders vorteilhaft?
(3.2.2) Ist jedem im Unterricht anwesenden Teammitglied ein Aufgabenbereich zugewiesen? *Wenn ja*, können Sie ein Beispiel nennen?
(3.2.3) Werden die Mitarbeiter (auch therapeutische Fachkräfte oder Schulbegleiter) regelmäßig in die Planung des Unterrichts einbezogen? *Wenn ja*, können Sie die Planungsarbeit kurz beschreiben?
(3.2.4) Steht Zeit zur Verfügung, um die Unterrichtsplanung gemeinsam abzusprechen? *Wenn ja*, in welchem zeitlichen Rahmen wird die Unterrichtsplanung abgesprochen?
(3.2.5) Sind die Absprachen des Teams in Form eines Einsatzplanes o.ä. nachschlagbar? *Wenn ja*, wo werden die Pläne gesammelt?

Qualitätsstandards und Ausprägungsgrade in der QU!S

3 Qualitätsebene 3: Interdisziplinäre Teamkooperation

3.3 Die Unterrichts- und Erziehungsarbeit wird gemeinsam reflektiert.

1	2	3	4	5	Bemerkungen
3.3.1 Es besteht die Gelegenheit, sich über den Unterricht und über die Erziehungsmaßnahmen gemeinsam im Team informell auszutauschen.	3.3.2 Die Nachbesprechungen im Team können zu neuen oder veränderten Zielsetzungen und Aufgabenstellungen führen.	3.3.3 Die gesetzten Ziele der vorangegangenen Teamreflexion werden überprüft.	3.3.4 Es besteht die Gelegenheit, sich über den Unterricht und über die Erziehungsmaßnahmen im Team zu regelmäßigen Zeiten auszutauschen.	3.3.5 Für die Dokumentation der Reflexionsergebnisse ist ein Teammitglied verantwortlich.	
J N NA	J N NA	J N NA	J N NA	J N NA	

Ergänzende Hinweise:

(3.3.1) Informeller Austausch findet auch zu nicht festgelegten Zeiten statt, z.B. in den Pausen oder nach Schulschluss.
(3.3.4) Das Team* trifft sich mindestens 14-tägig zum Austausch (bezogen auf die Arbeit in der Klasse).

Fragen:

(3.3.1) Besteht die Gelegenheit, sich über den Unterricht und über die Erziehungsmaßnahmen gemeinsam im Team informell auszutauschen? *Wenn ja*, in welcher Form findet das statt?
(3.3.2) Führen die Nachbesprechungen zu neuen oder veränderten Zielsetzungen und Aufgabenstellungen? *Wenn ja*, wie wird das dokumentiert?
(3.3.3) Werden die gesetzten Ziele der vorangegangenen Teamreflexion überprüft? *Wenn ja*, wie ist die Vorgehensweise?
(3.3.4) Besteht für das Team die Möglichkeit für einen regelmäßigen Austausch? *Wenn ja*, in welchen zeitlichen Abständen finden die Treffen statt?
(3.3.5) Ist für die Dokumentation der Reflexionsergebnisse ein Teammitglied verantwortlich? *Wenn ja*, wo werden die Reflexionsergebnisse aufbewahrt? Werden Protokolle angefertigt und sind diese für alle zugänglich?

Diese Karte ist Teil der Publikation mit der ISBN 978-3-7815-2212-1

Qualitätsstandards und Ausprägungsgrade in der QU!S

3 Qualitätsebene 3: Interdisziplinäre Teamkooperation

3.4 Die pädagogische Arbeit wird so organisiert, dass diese möglichst zeitnah und effektiv zu bewältigen ist.

1	2	3	4	5	Bemerkungen
3.4.1 Die Teammitglieder sind über die Aufgabenbereiche und -verteilung ausreichend informiert.	3.4.2 Die Teammitglieder sind an Planungen und Absprachen beteiligt.	3.4.3 Die Teammitglieder sind offen für Veränderungen im organisatorischen Ablauf.	3.4.4 Die Planungen und Absprachen werden schriftlich fixiert.	3.4.5 Die Planungen und Absprachen sind für die Teammitglieder zugänglich.	
J N NA	J N NA	J N NA	J N NA	J N NA	

Fragen:

(3.4.1) Ist jeder über die Aufgabenbereiche und -verteilung ausreichend informiert?
(3.4.2) Sind die Teammitglieder an Planungen und Absprachen beteiligt? *Wenn ja*, wie?
(3.4.3) Sind die Teammitglieder offen für Veränderungen im organisatorischen Ablauf? *Wenn ja*, gibt es Beispiele?
(3.4.4) Werden die Planungen und Absprachen schriftlich fixiert? *Wenn ja*, in welcher Form?
(3.4.5) Sind die Planungen und Absprachen für die Teammitglieder zugänglich? *Wenn ja*, wo kann nachgelesen werden?

Diese Karte ist Teil der Publikation mit der ISBN 978-3-7815-2212-1

Qualitätsstandards und Ausprägungsgrade in der QU!S

3 Qualitätsebene 3: Interdisziplinäre Teamkooperation

3.5 Kooperation findet auch über die Grenzen der Klasse hinaus statt.

1	2	3	4	5	Bemerkungen
3.5.1 Die Lehrkraft steht in informellem Austausch mit mindestens einer Lehrkraft einer anderen Klasse an der Schule.	3.5.2 Die Lehrkraft gestaltet die Aktivitäten des Schullebens in Kooperation mit mindestens einer Lehrkraft einer anderen Klasse.	3.5.3 Die Lehrkraft führt außerschulische Veranstaltungen in Kooperation mit mindestens einer Lehrkraft einer anderen Klasse durch.	3.5.4 Die Lehrkraft plant Projekte in Kooperation mit mindestens einer Lehrkraft einer anderen Klasse und führt diese gemeinsam mit ihr durch.	3.5.5 Die Lehrkraft stimmt den Jahresplan für die Klasse mit mindestens einer Lehrkraft einer anderen Klasse ab.	
J N NA	J N NA	J N NA	J N NA	J N NA	

Ergänzende Hinweise:

(3.5.2) Mit Aktivitäten sind z.B. gemeint: Feste, Feiern, Ausflüge oder Schullandheimaufenthalte, aber auch gemeinsame Mahlzeiten oder Arbeitsgemeinschaften.
(3.5.4) Mindestens ein Unterrichtsprojekt pro Schuljahr ist gemeint.
(3.5.5) Die Lehrkraft stimmt die Jahresplanung mit einer Lehrkraft einer anderen Klasse ab, die z.B. in unmittelbarer räumlicher Nähe ihr Klassenzimmer hat oder mit einer Parallelklasse.

Fragen:

(3.5.1) Stehen Sie im informellen Austausch mit einer Lehrkraft einer anderen Klasse an der Schule? *Wenn ja*, welche Ereignisse oder Themen tauschen Sie miteinander aus?
(3.5.2) Werden Aktivitäten des Schullebens in Kooperation* mit mindestens einer Lehrkraft einer anderen Klasse gemeinsam gestaltet? *Wenn ja*, welche Aktivitäten sind das beispielsweise?
(3.5.3) Finden auch außerschulische Veranstaltungen statt, die in Kooperation mit mindestens einer Lehrkraft einer anderen Klasse durchgeführt werden?
(3.5.4) Planen Sie Projekte in Kooperation mit mindestens einer Lehrkraft einer anderen Klasse? *Wenn ja*, was war Ihr letztes Projekt?
(3.5.5) Stimmen Sie Ihre Jahresplanung mit mindestens einer Lehrkraft einer anderen Klasse ab? *Wenn ja*, wie sieht die gemeinsame Abstimmung aus?

Diese Karte ist Teil der Publikation mit der ISBN 978-3-7815-2212-1

4 Qualitätsebene 4: Inklusives Schulkonzept und Schulleben

4.1 Die Schulleitung eröffnet Möglichkeiten, über die Chancen einer inklusiven Schule zu reflektieren.

1	2	3	4	5	Bemerkungen
4.1.1 Die Schulleitung sorgt dafür, dass die bestehenden Vorerfahrungen des Kollegiums bezogen auf Schüler mit sonderpädagogischem Förderbedarf berücksichtigt werden.	4.1.2 Die Schulleitung kann Strukturen benennen, welche die pädagogische Zusammenarbeit mit Schülern mit sonderpädagogischem Förderbedarf erleichtern.	4.1.3 Es kann von der Schulleitung benannt werden, welche Unterstützung auf dem Weg zur inklusiven Schule benötigt wird.	4.1.4 Die Schulleitung stellt sicher, dass schulhausinterne Fortbildungen zum Thema inklusive Schule angeboten werden.	4.1.5 Die Schulleitung kann ein Konzept vorlegen, wie die Entwicklung zur inklusiven Schule weiter gestaltet werden kann.	
J / N / NA	J / N / NA	J / N / NA	J / N / NA	J / N / NA	

Ergänzende Hinweise:

(4.1.2) Mit Strukturen sind z.B. regionale Vereine oder Verbände gemeint, aber auch Regierungsvorgaben oder schulische Besonderheiten.
(4.1.4) Diese Aussage kann sich auch auf das vergangene Schuljahr beziehen.

Fragen:

(4.1.1) Wurden die bestehenden Vorerfahrungen des Kollegiums, die bereits in der Zusammenarbeit mit Schülern mit sonderpädagogischem Förderbedarf gemacht berücksichtigt? *Wenn ja*, wie ist das geschehen?
(4.1.2) Können Sie Strukturen benennen, welche die pädagogische Zusammenarbeit mit Schülern mit sonderpädagogischem Förderbedarf erleichtern?
(4.1.3) Können Sie Aspekte benennen, welche Sie zur Unterstützung auf dem Weg zur inklusiven Schule* benötigen? *Wenn ja*, welche sind das beispielsweise?
(4.1.4) Werden schulhausinterne Fortbildungen zum Thema inklusive Schule angeboten? *Wenn ja*, können Sie mir Angebote nennen?
(4.1.5) Verfügt Ihre Schule über ein Konzept zur weiteren Gestaltung der Inklusion? Könnten Sie mir dieses erläutern oder zeigen?

Diese Karte ist Teil der Publikation mit der ISBN 978-3-7815-2212-1

Qualitätsstandards und Ausprägungsgrade in der QU!S

4 Qualitätsebene 4: Inklusives Schulkonzept und Schulleben

4.2 Die Schulleitung ist aktiv an der Entwicklung eines inklusiven Schulkonzepts beteiligt.

1	2	3	4	5	Bemerkungen
4.2.1 Aufgaben zur Entwicklung eines inklusiven Schulkonzepts werden arbeitsteilig im Schulleitungsteam behandelt.	4.2.2 Die Mitglieder der Schulleitung halten das Kollegium dazu an, bei der Entwicklung eines inklusiven Schulkonzepts mitzuwirken.	4.2.3 Die Schulgemeinschaft wird von der Schulleitung explizit dazu aufgefordert, sich bei der Entwicklung eines inklusiven Schulkonzepts zu beteiligen.	4.2.4 Die Schulleitung stellt Ressourcen zur Verfügung, die den Entwicklungsprozess eines inklusiven Schulkonzepts absichern können.	4.2.5 Die Mitglieder der Schulleitung haben Zeitfenster, um das inklusive Schulkonzept weiterzuentwickeln.	
J / N / NA	J / N / NA	J / N / NA	J / N / NA	J / N / NA	

Ergänzende Hinweise:

(4.2.1) Falls nur eine Person in der Schulleitung tätig ist: Gibt es auch andere Personen, die Aufgaben zur Entwicklung eines inklusiven Schulkonzepts* arbeitsteilig mit der Schulleitung wahrnehmen? Aufgaben beziehen sich hier auf alle Ebenen des Schulentwicklungsprozesses (z.B. Beförderung, Unterricht und Schulleben, Organisation der Schulbegleitung).
(4.2.4) Zum Beispiel Anrechnungsstunden für Teamarbeit, Finanzierung von Fortbildungen, Lernwerkstätten.
(4.2.5) Zeitfenster können einzelne Stunden pro Woche oder größere Zeiträume sein, die sich die Schulleitung nimmt, um das inklusive Schulkonzept weiterzuentwickeln. Damit sind nicht unbedingt Anrechnungsstunden gemeint.

Fragen:

(4.2.1) Werden Aufgaben zur Entwicklung eines inklusiven Schulkonzepts arbeitsteilig im Schulleitungsteam behandelt? *Wenn ja*, wie sieht die Aufteilung aus?
(4.2.2) Wird das Kollegium bei der Entwicklung eines inklusiven Schulkonzepts mit einbezogen? *Wenn ja*, wie wird das zu erreichen versucht?
(4.2.3) Wird die Schulgemeinschaft explizit von der Schulleitung dazu aufgefordert, sich bei der Entwicklung eines inklusiven Schulkonzepts zu beteiligen? *Wenn ja*, welche Maßnahmen wurden durchgeführt?
(4.2.4) Werden Ressourcen zur Verfügung gestellt, die den Entwicklungsprozess eines inklusiven Schulkonzepts absichern können? *Wenn ja*, welche können Sie nennen?
(4.2.5) Haben die Mitglieder der Schulleitung sich Zeitfenster geschaffen, um das inklusive Schulkonzept weiterzuentwickeln? *Wenn ja*, wie schaffen Sie Zeitfenster?

Diese Karte ist Teil der Publikation mit der ISBN 978-3-7815-2212-1

Qualitätsstandards und Ausprägungsgrade in der QU!S

4 Qualitätsebene 4: Inklusives Schulkonzept und Schulleben

4.3 Im inklusiven Schulleben* ist es selbstverständlich, dass die Schüler an den unterrichtlichen und außerunterrichtlichen Aktivitäten teilnehmen können.

1	2	3	4	5	Bemerkungen
4.3.1 Die Schüler haben die Möglichkeit ihrem Alter entsprechend an den unterrichtlichen und außerunterrichtlichen Aktivitäten teilzunehmen.	4.3.2 Die Schüler können sich möglichst selbstständig im Schulhaus bewegen und die Pause mit ihren Mitschülern verbringen.	4.3.3 Bei außerunterrichtlichen Schulangeboten besteht die Möglichkeit einzelne Schüler finanziell zu unterstützen.	4.3.4 Für Schüler, die sich in außerunterrichtlichen Situationen unsicher fühlen, gibt es Ansprechpartner.	4.3.5 Es stehen Personen oder Personendienste zur Verfügung, welche die Schüler im Unterricht, aber auch bei außerunterrichtlichen Aktivitäten unterstützen.	
J N NA	J N NA	J N NA	J N NA	J N NA	

Ergänzende Hinweise:

(4.3.1) Außerunterrichtliche Aktivitäten beziehen sich auf Situationen innerhalb und außerhalb der Schule, die nicht zum Unterricht im engeren Sinne zählen (z.B. Pausen, Ausflüge, Vorviertelstunde, Lesenacht).
(4.3.4) Mit Ansprechpartnern sind entweder Mitschüler oder Lehrkräfte gemeint, die explizit benannt worden sind.
(4.3.5) Mit Personendiensten sind z.B. Fahrdienste gemeint.

Fragen:

(4.3.1) Können die Schüler ihrem Alter entsprechend an unterrichtlichen und außerunterrichtlichen Aktivitäten teilnehmen? *Wenn ja*, wie organisieren Sie dies?
(4.3.2) Können sich die Schüler möglichst selbstständig im Schulhaus bewegen und die Pause mit ihren Mitschülern verbringen? *Wenn ja*, welche Maßnahmen haben Sie hierfür getroffen?
(4.3.3) Besteht bei außerunterrichtlichen Schulangeboten die Möglichkeit einzelne Schüler finanziell zu unterstützen (z.B. durch den Förderverein oder Hilfe bei Anträgen)? *Wenn ja*, wie sieht die Unterstützung aus?
(4.3.4) Gibt es für Schüler, die sich in außerunterrichtlichen Situationen unsicher fühlen, einen Ansprechpartner? *Wenn ja*, wie ist dieser erreichbar?
(4.3.5) Stehen Personen oder Personendienste (z.B. Schulbegleiter, Jugendsozialarbeit, Fahrdienste) zur Verfügung, welche die Schüler im Unterricht, aber auch bei außerunterrichtlichen Aktivitäten unterstützen? *Wenn ja*, können Sie Personen oder Personendienste nennen?

Qualitätsstandards und Ausprägungsgrade in der QU!S

4 Qualitätsebene 4: Inklusives Schulkonzept und Schulleben

4.4 Die Schule hat das Leitbild der Inklusion in ihrem Schulkonzept verankert.

1	2	3	4	5	Bemerkungen
4.4.1 Die Schule hat das Leitbild der Inklusion in ihr Schulkonzept aufgenommen.	4.4.2 Das Leitbild der Inklusion ist für Eltern, die Schüler und das Kollegium transparent.	4.4.3 Die Schulgemeinschaft steht in regelmäßigem Austausch über die Weiterarbeit an dem Leitbild Inklusion.	4.4.4 Der Wille und die Möglichkeit zur Zusammenarbeit am Leitbild Inklusion ist das Anliegen der Schulgemeinschaft.	4.4.5 Die Arbeit am Leitbild Inklusion wird als Prozess verstanden, der den Mitgliedern der Schulgemeinschaft die Gelegenheit gibt Haltungen zu entwickeln.	
J | N | NA	J | N | NA	J | N | NA	J | N | NA	J | N | NA	

Ergänzende Hinweise:

(4.4.2) Das Leitbild der Inklusion steht Lehrkräften, Schülern und Eltern zur Verfügung (auf der Homepage, als Poster, als Hefteintrag etc.).

Fragen:

(4.4.1) Hat die Schule das Leitbild der Inklusion in ihr Schulkonzept aufgenommen? *Wenn ja*, wie wurde dies erreicht?
(4.4.2) Ist das Leitbild der Inklusion für Eltern, Schüler und das Kollegium transparent? *Wenn ja*, wo ist es für die Schulgemeinschaft nachlesbar?
(4.4.3) Steht die Schulgemeinschaft in regelmäßigem Austausch über das Fortschreiten der Inklusion an der Schule und unterstützt sie sich gegenseitig? *Wenn ja*, in welcher Form findet ein Austausch statt (z.B. über das Gremium des Elternbeirats)?
(4.4.4) Ist es das Anliegen der Schulgemeinschaft das Vorhaben der inklusiven Schule* voranzutreiben? *Wenn ja*, was unternimmt sie dafür?
(4.4.5) Wird die Inklusion als Prozess verstanden, der den Mitgliedern der Schulgemeinschaft die Gelegenheit gibt inklusive Haltungen* zu entwickeln? *Wenn ja*, wie wird das versucht?

Diese Karte ist Teil der Publikation mit der ISBN 978-3-7815-2212-1

Qualitätsstandards und Ausprägungsgrade in der QU!S

4 Qualitätsebene 4: Inklusives Schulkonzept und Schulleben

4.5 Vom Kollegium wird das Thema Inklusion unterstützt.

1	2	3	4	5	Bemerkungen
4.5.1 Das Kollegium ist im Austausch zum Thema Inklusion.	4.5.2 Das Thema Inklusion wird vom Kollegium mitgetragen und weiter entwickelt.	4.5.3 Das Kollegium tauscht sich über die Anschaffung von Fachliteratur und Fördermaterialien zum Thema Inklusion aus.	4.5.4 Das Kollegium beteiligt sich an Konferenzen, Fortbildungen und Workshops zum Thema Inklusion.	4.5.5 Supervision zum Thema Inklusion findet als unterstützende Maßnahme für das Kollegium regelmäßig statt.	
J / N / NA	J / N / NA	J / N / NA	J / N / NA	J / N / NA	

Fragen:

(4.5.1) Ist das Kollegium im Austausch zum Thema Inklusion? *Wenn ja*, in welcher Form findet der Austausch im Kollegium statt?
(4.5.2) Wird das Thema Inklusion vom Kollegium mitgetragen und weiter entwickelt? *Wenn ja*, was entwickelt das Kollegium?
(4.5.3) Tauscht sich das Kollegium über die Anschaffung von Fachliteratur und sonderpädagogischen Fördermaterialien* aus? *Wenn ja*, gibt es Fachbücher, die für das Kollegium zur Verfügung stehen? Wo stehen diese?
(4.5.4) Beteiligt sich das Kollegium an Konferenzen, Fortbildungen, Workshops etc., die speziell auf die Inklusion ausgerichtet sind? *Wenn ja*, können Sie Beispiele nennen?
(4.5.5) Findet Supervision (auch als kollegiale Fallberatung) als unterstützende Maßnahme für das Kollegium regelmäßig statt (z.B. zweimal im Schuljahr)? *Wenn ja*, wie sieht das Angebot genau aus?

Qualitätsstandards und Ausprägungsgrade in der QU!S

5 Qualitätsebene 5: Externe Unterstützungssysteme und Vernetzung mit dem Umfeld

5.1 Die Schule kooperiert mit den am pädagogischen Prozess direkt Beteiligten, damit den Schülern bestmögliche Lernbedingungen eröffnet werden.

1	2	3	4	5	Bemerkungen
5.1.1 Lehrkräfte können die vielfältigen Möglichkeiten der Kooperation mit den Eltern nutzen.	5.1.2 Die Erfahrungen der Eltern von Kindern mit sonderpädagogischem Förderbedarf werden kooperativ in die pädagogische Arbeit mit einbezogen.	5.1.3 Die Schule hat regelmäßig stattfindende kooperative Treffen zu den am pädagogischen Prozess direkt Beteiligten und Institutionen.	5.1.4 Für Gespräche zur Kooperation steht ein Raum zur Verfügung.	5.1.5 Um die Kooperation auszubauen, stehen für Gespräche spezielle Zeiträume zur Verfügung.	
J / N / NA	J / N / NA	J / N / NA	J / N / NA	J / N / NA	

Ergänzende Hinweise:

(5.1.3) Regelmäßig bedeutet hier: einmal pro Halbjahr.
(5.1.4) Es gibt einen eigenen Raum für Besprechungen, z.B. ein Elternsprechzimmer.

Fragen:

(5.1.1) Werden Möglichkeiten zur Zusammenarbeit mit den Eltern genutzt? *Wenn ja*, können Sie Beispiele nennen?
(5.1.2) Werden die Erfahrungen der Eltern in die pädagogische Arbeit mit eingebunden? *Wenn ja*, in welcher Form findet die Einbeziehung statt?
(5.1.3) Bestehen mindestens einmal pro Halbjahr kooperative Treffen zu den am pädagogischen Prozess direkt Beteiligten und Institutionen? *Wenn ja*, welche zum Beispiel?
(5.1.4) Steht ein Besprechungsraum für Gespräche zur Verfügung? *Wenn ja*, wie ist er ausgestattet (Telefon, Computer, Flipchart etc.)?
(5.1.5) Gibt es spezielle Zeiträume, die ausschließlich dazu dienen, die Vernetzung auszubauen (z.B. jährliche Treffen mit anderen Bildungseinrichtungen)? *Wenn ja*, wie oft besteht konkret die Möglichkeit?

Diese Karte ist Teil der Publikation mit der ISBN 978-3-7815-2212-1

Qualitätsstandards und Ausprägungsgrade in der QU!S

5 Qualitätsebene 5: Externe Unterstützungssysteme und Vernetzung mit dem Umfeld

5.2 Die Schule strebt die Entwicklung eines Netzwerkes an, damit den Schülern bestmögliche Lebens- und Entwicklungsbedingungen in der Gesellschaft eröffnet werden.

1	2	3	4	5	Bemerkungen
5.2.1 Die Schule hat Kontakte zu relevanten Fachdiensten.	5.2.2 Kontakte zu den Fachdiensten werden durch das Kollegium aufrechterhalten.	5.2.3 Die Schule hat regelmäßige Kontakte zu bestehenden Gremien oder Arbeitskreisen und bringt ihre Erfahrungen ein.	5.2.4 An der Schule gibt es einen Verein bzw. eine Gruppe, die die inklusive Schulentwicklung innerhalb und außerhalb der Schule aktiv unterstützen.	5.2.5 Es gibt Kontakte der Schule zu Gremien oder Arbeitskreisen in der Gemeinde bzw. in der Stadt, die sich mit der Entwicklung zu einer Inklusion in der Gemeinde beschäftigen.	
J N NA	J N NA	J N NA	J N NA	J N NA	

Ergänzende Hinweise:

(5.2.1) Mit Fachdiensten ist gemeint: Frühförderung, psychologische Dienste, Jugend- und Familienhilfe, therapeutische und medizinische Stellen, Mobile Sonderpädagogische Dienste, Förderschulen, sonderpädagogisches Förderzentrum.
(5.2.2) Damit sind Lehrkräfte gemeint, die fest zum Kollegium der Schule gehören.
(5.2.3) Regelmäßig bedeutet hier: einmal pro Halbjahr.

Fragen:

(5.2.1) Bestehen Kontakte zu Fachdiensten? *Wenn ja*, wie oft gibt es regelmäßige Treffen? Wo werden die Ergebnisse festgehalten?
(5.2.2) Werden Kontakte zu den Fachdiensten durch das Kollegium aufrechterhalten?
(5.2.3) Kann die Schule in die bestehenden Gremien oder Arbeitskreise einmal pro Halbjahr ihre Erfahrungen einbringen? *Wenn ja*, können Sie ein Beispiel nennen?
(5.2.4) Gibt es einen Verein oder eine Gruppe an ihrer Schule, welche die inklusive Schulentwicklung* innerhalb und außerhalb der Schule aktiv unterstützen? *Wenn ja*, können Sie mir einen Verein oder eine Gruppe nennen?
(5.2.5) Gibt es bereits Gremien oder Arbeitskreise in der Gemeinde/in der Stadt, die sich mit der Entwicklung zu einer Inklusion* in der Gemeinde/in der Stadt beschäftigen? *Wenn ja*, können Sie mir diese nennen?

Diese Karte ist Teil der Publikation mit der ISBN 978-3-7815-2212-1

Qualitätsstandards und Ausprägungsgrade in der QU!S

5 Qualitätsebene 5: Externe Unterstützungssysteme und Vernetzung mit dem Umfeld

5.3 Die Zusammenarbeit mit den Eltern wird als Voraussetzung betrachtet, um die inklusive Schule voranzubringen.

1	2	3	4	5	Bemerkungen
5.3.1 Die Eltern der Schüler können mit den Lehrkräften oder der Schulleitung zum Thema inklusive Schulentwicklung Kontakt aufnehmen.	5.3.2 Die Eltern haben die Möglichkeit zusammen mit den Lehrkräften die Elternabende für einen Austausch zur inklusiven Schulentwicklung (in der Schule) zu nutzen.	5.3.3 Zwischen den Eltern und den Lehrkräften bzw. der Schulleitung findet ein regelmäßiger Austausch über die Entwicklung der inklusiven Schule statt.	5.3.4 Eltern und Lehrkräfte entwickeln gemeinsam die inklusive Arbeit an der Schule weiter.	5.3.5 Eltern und Lehrkräfte arbeiten gemeinsam an der Weiterentwicklung des inklusiven Schulkonzepts, wobei auch die Eltern aktiv beteiligt sind.	
J N NA	J N NA	J N NA	J N NA	J N NA	

Ergänzende Hinweise:

(5.3.3) Regelmäßig bedeutet hier: zweimal im Halbjahr.

Fragen:

(5.3.1) Können die Eltern der Schüler mit den Lehrkräften oder der Schulleitung zum Thema inklusive Schulentwicklung* Kontakt aufnehmen? *Wenn ja*, welche Möglichkeiten bestehen?

(5.3.2) Haben die Eltern die Möglichkeit zusammen mit den Lehrkräften die Elternabende für einen Austausch zur inklusiven Schulentwicklung zu nutzen? *Wenn ja*, in welchen Abständen finden die Elternabende statt?

(5.3.3) Findet zwischen den Eltern und den Lehrkräften bzw. der Schulleitung ein regelmäßiger Austausch über die Entwicklung der inklusiven Schule* statt? *Wenn ja*, wie wird das organisiert?

(5.3.4) Entwickeln Eltern und Lehrkräfte gemeinsam die inklusive Arbeit an der Schule weiter? *Wenn ja*, in welchem Rahmen findet das statt?

(5.3.5) Arbeiten Lehrkräfte und Eltern gemeinsam an der Weiterentwicklung des inklusiven Schulprofils, wobei auch die Eltern aktiv sind? *Wenn ja*, können Sie ein Beispiel für die Elternarbeit geben?

Diese Karte ist Teil der Publikation mit der ISBN 978-3-7815-2212-1

Qualitätsstandards und Ausprägungsgrade in der QU!S

5 Qualitätsebene 5: Externe Unterstützungssysteme und Vernetzung mit dem Umfeld

5.4 Das Umfeld wird in die inklusive Schulentwicklung mit einbezogen.

1	2	3	4	5	Bemerkungen
5.4.1 Die Schule hat Kontakte zum unmittelbaren Umfeld.	5.4.2 Die Schule steht im regelmäßigen Austausch mit dem unmittelbaren Umfeld.	5.4.3 Die Schule bezieht Institutionen aus dem unmittelbaren Umfeld mit in die inklusive Schulentwicklung ein.	5.4.4 Die Schule bezieht Personen des unmittelbaren Umfeldes in die inklusive Schulentwicklung ein.	5.4.5 Der Austausch mit dem unmittelbaren Umfeld ist in der Schulkonzeption schriftlich fixiert.	
J N NA	J N NA	J N NA	J N NA	J N NA	

Ergänzende Hinweise:

(5.4.1) Mit unmittelbarem Umfeld ist der Schulsprengel bzw. der Einzugsbereich der Schule gemeint (z.B. auch Betriebe im Rahmen der Berufsorientierung).
(5.4.2) Mit regelmäßig ist hier gemeint: zweimal pro Halbjahr.
(5.4.3) Mit Institutionen ist hier gemeint: Behörden, Arbeitsagentur, Betriebe, Ämter, Kirchengemeinden etc.
(5.4.4) Hier sind z.B. Einzelpersonen gemeint, die nicht unbedingt einer Institution angehören müssen.

Fragen:

(5.4.1) Hat die Schule Kontakt zum unmittelbaren Umfeld der Schule? *Wenn ja*, können Sie mir Kontakte nennen?
(5.4.2) Steht die Schule im regelmäßigen Austausch mit dem unmittelbaren Umfeld? *Wenn ja*, welche Personen werden z.B. einbezogen?
(5.4.3) Bezieht die Schule Institutionen (z.B. Behörden, Agentur für Arbeit, Ämter, Kammern, Verbände, Kirchengemeinden etc.) aus dem unmittelbaren Umfeld mit in die inklusive Schulentwicklung* ein? *Wenn ja*, welche zum Beispiel?
(5.4.4) Bezieht die Schule Personen aus dem unmittelbaren Umfeld mit in die inklusive Schulentwicklung ein? *Wenn ja*, welche zum Beispiel?
(5.4.5) Wird der Austausch mit dem unmittelbaren Umfeld in der inklusiven Schulkonzeption* schriftlich fixiert? *Wenn ja*, können Sie mir ein Beispiel nennen?

Diese Karte ist Teil der Publikation mit der ISBN 978-3-7815-2212-1

Qualitätsstandards und Ausprägungsgrade in der QU!S

5 Qualitätsebene 5: Externe Unterstützungssysteme und Vernetzung mit dem Umfeld

5.5 Die Schule kann auf fachliche Beratung und Begleitung zurückgreifen.

1	2	3	4	5	Bemerkungen
5.5.1 Der inklusiven Schule sind zuständige Beratungsstellen bekannt.	5.5.2 Es besteht bereits Kontakt zu Beratungsstellen, die der inklusiven Schule Auskunft zu Fragen der Inklusion geben.	5.5.3 Die Beratungsstellen beraten und unterstützen die Teams der inklusiven Schule in der Zusammenarbeit mit den Eltern.	5.5.4 Die Beratungsstellen beraten und unterstützen die Lehrkräfte der inklusiven Schule fortlaufend durch regelmäßige Angebote.	5.5.5 Die Beratungsstellen unterstützen die inklusive Schule darin, ihre Arbeit fortlaufend zu reflektieren.	
J N NA	J N NA	J N NA	J N NA	J N NA	

Ergänzende Hinweise:

(5.5.1) Beratungsstellen sind Institutionen, die sich mit der Beratung von Eltern, Kindern und Jugendlichen, Lehrkräften und Schulen beschäftigen. Dazu zählen auch die Sonderpädagogischen Beratungsstellen bzw. Beratungszentren.
(5.5.4) Angebote sind z.B. Fortbildungen oder Arbeitskreise.
(5.5.5) Dies kann auch durch andere Personen erfolgen, z.B. durch einen Schulpsychologen.

Fragen:

(5.5.1) Sind der Schule die zuständigen Beratungsstellen bekannt? *Wenn ja*, haben Sie eine Liste der Stellen für alle zur Verfügung?
(5.5.2) Besteht bereits Kontakt zu Beratungsstellen? *Wenn ja*, gibt die Beratungsstelle der Schule Auskunft zu Fragen der Inklusion?
(5.5.3) Beraten und unterstützen die Beratungsstellen die Teams der inklusiven Schule* in der Zusammenarbeit mit den Eltern? *Wenn ja*, wie sieht die Unterstützung aus?
(5.5.4) Beraten und unterstützen die Beratungsstellen die Lehrkräfte regelmäßig durch informelle Gespräche, Fortbildungen, Klausurtage und Arbeitskreise? *Wenn ja*, können Sie Beispiele nennen?
(5.5.5) Unterstützen die Beratungsstellen die inklusive Schule darin, ihre Arbeit fortlaufend zu reflektieren? *Wenn ja*, in welcher Form findet dies statt?

Diese Karte ist Teil der Publikation mit der ISBN 978-3-7815-2212-1